I0092420

www.ingramcontent.com/pod-product-compliance
Lightning Source LLC
Chambersburg PA
CBHW022056020426
42335CB00012B/705
* 9 7 8 1 9 5 5 6 5 8 0 6 5 *

مفاهيم المهاجر

مسارات حياة الإندماج

مفاهيم المهاجر متاحة أيضًا باللغة الإنكليزية بعنوان

«Concepts: Life Paths to Integration Immigrant»

وباللغة الألمانية بعنوان

Konzepte: Lebenswegezur Integration

وباللغة الإسبانية بعنوان

Conceptos Inmigrante: Vías de la Vida Hacia la Integración

وكتب قادمة في هذه السلسلة

كتاب بعنوان: علم نفس «سيكولوجية» المهاجر

و كتاب بعنوان: صحة وسلامة قلب وعقل وروح المهاجر

مفاهيم المهاجر

مسارات حياة الإندماج

تأليف

دكتور واكيم ريمان

دكتورة دلوريس ردريغس ريمان

مفاهيم المهاجر: مسارات حياة الإندماج

2021 © واكيم ريمان و دلوريس ردريغس ريمان

جميع الحقوق محفوظة

الناشر: رومو بوكس ، تشولا فيستا ، كاليفورنيا

رقم مر اقبة الاصدار 978-1-955658-00-5 (كتاب بغلاف ورقي)
رقم مر اقبة الاصدار 978-1-955658-07-2 (كتاب إلكتروني)
رقم الاصدار في مكتبة الكونجرس: 2021912415

بيانات فهرسة النشر الخاصة بالناشر (إعداد «ذا دونو هيو غروب انك» The Donohue Group ، Inc)

أسماء المؤلفين: دكتور واكيم ريمان و دكتورة دلوريس ردريغس ريمان
العنوان: مفاهيم المهاجر- مسارات حياة الاندماج

يشمل الفهرس بيانات ووصف المواضيع التالية: المهاجرون و الاستيعاب الثقافي و الهجرة والنزوح والجوانب الاجتماعية والاندماج الاجتماعي و توظيف المهاجرين و صحة ونظافة المهاجرين والهجرة والنزوح والجوانب النفسية.

التصنيف: LCC JV6342 R45 2021 (كتاب مطبوع) و LCC JV6342 (كتاب إلكتروني)
و DDC 305 906912 - DS 23

لا يجوز إعادة إنتاج أي جزء من هذا المنشور أو تخزينه أو إدخاله في نظام استرجاع أو نقله بأي شكل أو بأي وسيلة (إلكترونية أو ميكانيكية أو تصوير أو تسجيل أو غير ذلك سواء كانت معروفة الآن أو فيما بعد) ، دون إذن كتابي مسبق من كلاً من مالك حقوق النشر وناشر هذا الكتاب أعلاه ، بدون تقييد الحقوق بموجب حقوق النشر المحفوظة أعلاه إلا من قبل المراجع الذي يرغب للاقتباس من فقرات موجزة فيما يتعلق بمراجعة مكتوبة لإدراجها في مجلة ، صحيفة أو إذاعة أو موقع ويب أو مدونة أو منفذ بيع آخر يتوافق مع قوانين الولايات المتحدة والاستخدام الدولي العادل أو إرشادات مماثلة لاستثناءات حقوق النشر هذه.

يهدف هذا الكتاب إلى توفير معلومات دقيقة فيما يتعلق بموضوعه ويعكس رأي ومنظور المؤلف ومع ذلك ، في الأوقات السريعة التغيير ، والتأكد من أن جميع المعلومات المقدمة دقيقة تمامًا ومحدثة على الإطلاق الأوقات ليست دائما ممكنة لذلك ، لا يتحمل المؤلف والناشر أي مسؤولية عدم دقة أو سهو واخلاء أي مسؤولية شخصية أو مهنية أو غير ذلك أو خسارة أو مخاطر على وجه التحديد ، ، والذي قد يتم تكبده كنتيجة مباشرة أوغير مباشرة ، لاستخدام و / أو تطبيق أي من محتويات هذا الكتاب.

صورة الكرة الأرضية على الغلاف عائدة الى:
Meteosat-3 & Meteosat-4 Observe the Earth (1993) / ESA ، CC BY-SA 3 0 IGO
https://www esa int/ESA_Multimedia/Copyright_Notice_Images

اقتبست مواقع تكيف الرسم البياني لعملية إعادة التوطين من منشور «التحالف الوطني للصحة النفسية ذو الثقافات المتعددة»

مستشار النشر: David Wogahn، AuthorImprints com
قام بالترجمة العربية: الدكتور فؤاد بيلوني
التصميم الداخلي والتنضيد: www.cartoon-planet.com

إلى

بيت و برنارد و فيليبي وهكتور

المقدمـة

بقلم

الدكتورة دلورس ردريغزريمان

يقول البعض أن "النية" هي القصد أو الهدف الذي يوجه العمل أو الغاية .و تصفها الويكيبيديا بأنها الحالة الذهنية التي تمثل التزامًا بتنفيذ إجراء واحد أو أكثر. وإن نيتي في هذا الكتاب ذات شقين: الأول هو الحب كطريقة لرواية وتكريم رحلة حياتي الخاصة بالإضافة إلى رحلات زوجي والعديد من أقاربي وأصدقائي وزملائي ومرضاي. على هذا النحو. و أود أن أعطيك ايها القارئ إطار عمل يساعد على تعزيز فهم أفضل للعديد من ملابسات تجربة الهجرة.

والثاني: مساعدة زوجي وشريك حياتي واكيم. آملةُ أن أقدم لكم نموذجًا يوضح ويدمج الأبعاد النفسية والاجتماعية الأكثر بروزاً. أريد تسليط الضوء من هذا المنظور على العديد من نقاط القوة التي يجلبها المهاجرون من خلال تجربتنا. وأقدم أيضًا اقتراحات و توصيات وطرقًا للتغلب على الحواجز التي تحول دون الاندماج الناجح في بيئات جديدة.

بقلم

الدكتورواكيم ريمان

ما زلت أذكر بوضوح ليلتي الأولى في سن العاشرة في الولايات المتحدة. على الرغم من التعب بعد ساعات طويلة من السفر عبر المحيط الأطلسي. فقد أمضيت تلك الليلة أنا وعائلتي نشاهد برنامج تلفزيوني "فيلم ekomsnuG " في غرفة فندق في لوس أنجلوس . بالطبع كان باللغة الإنجليزية لذا فهمت أنا وأمي القليل جدًا من الحوار. لكن العرض كان لا يزال رائعًا. عندما توجهنا إلى منزلنا الجديد في اليوم التالي أحاط بنا عالم مخيف ولكنه رائع وجديد تمامًا.

على المستوى الشخصي للغاية . تثير هذه الذكريات اهتمامي بالطريقة التي تشكلنا بها الهجرة. أنا و دلوريس نشارك رباط الحب والزواج والشراكة. كلانا مهاجر. ومع ذلك تختلف تجاربنا الشخصية من حيث الثقافة والبلد والمسافات التي سافرناها والظروف الاجتماعية والاقتصادية التي أتينا منها. عاشت دلورس بالقرب من الولايات المتحدة حيث نشأت في المكسيك وبالتالي كانت أكثر دراية بالثقافة الأمريكية.

باختصار . يمكن أن تختلف الرحلات المحددة التي يقوم بها . الناس بشكل كبير.لكن أنا و دلوريس نتشارك بالعديد من أوجه التشابه في تجربة الهجرة و لدينا. آمل أن تساعدنا قصصنا في التحدث إلى أشخاص من خلفيات مختلفة عبر طيف الهجرة. كما هو الحال مع دلورس . أعتزم تقديم معلومات حول كيف يمكن للمهاجرين التكيف مع منازلهم الجديدة وتحقيق النجاح فيها. هذا يفيدنا جميعًا.

1
المقدمة
حركة الناس

لقد سعى البشر إلى أماكن جديدة للعيش فيها طالما كنا على هذا الكوكب. وسواء كانت هجرتنا من شرق إفريقيا منذ ما يقرب من 70,000 سنة أو البولينيزين المبحرون آلاف الأميال عبر المحيط الهادئ المفتوح لاكتشاف جزر جديدة أو وصول الأوروبيين إلى الأمريكتين أو وصول اللاجئين الكوبيين إلى ساحل فلوريدا أو ما يسمى "بشعب القوارب "المغادرين من فيتنام أو انتقال المديرين التنفيذيين إلى بلد جديد كجزء من أعمالهم الدولية فان رحلاتنا لا تنتهي أبدًا.

تم تأريخ العديد من الرحلات في النصوص القديمة مثل التوراة والكتاب المقدس بالإضافة إلى قصص وحكايات الشعوب في جميع أنحاء العالم. في المكسيك. على سبيل المثال. تخبرنا إحدى أساطير شعب الناهوا أن سبع قبائل مختلفة و اشتركوا في لغة "زلتان *Aztlán*" واستقروا بالقرب من مدينة "تشكوموزتوك *Chicomoztoc*" قد تركوا وطنهم الأسطوري. بينما يناقش العلماء موقعهم الدقيق تقول الأسطورة أن المدينة كان يحكمها قادة لا يرحمون أطلقوا على أنفسهم اسم « أزتكا Azteca» وبالتالي غادر الناهوا مرة أخرى بناءً على التوجيه الإلهي من إلههم "*Huitzilopochtli*" حسب النبوءة التي تبعوها و إنهم سيسافرون حتى يعبروا موقعًا يبنون فيه مدينة عظيمة بعد ذلك. عرف الناهوا مكان الموقع عندما رأوا الإشارة: نسر في منقاره ثعبان يطفو فوق صبار في وسط بحيرة. تحققت النبوءة وأصبحت "تينوختيتلان" عاصمة الحضارة المكسيكية وشعب المكسيك.

تشمل القصص الأخرى المعروفة هجرات مختلفة في العالم الآسيوي. وتشمل هذه هروب اللاجئين من دول مثل فيتنام وكمبوديا إلى أستراليا خلال

السبعينيات والثمانينيات.

أصبحت الرحلات أيضًا خلفية قياسية في الأساطير والأدب الشعبي لدينا. تم وصفها في السينما الحديثة (على سبيل المثال Luke Skywalker) وفي الكلاسيكيات حيث يبدأ أبطال نموذجيون ابرياء وعديمي الخبرة إلى حد ما. ولكن من خلال مواجهة العديد من التحديات الجسدية والعقلية في مهمة ما يتغيرون للأفضل غالبًا (وإن لم يكن دائمًا) وينتصرون.[1,2]

كما تم تأريخه في مثل هذه الأساطير والنصوص الدينية والروايات التاريخية. فإن العديد من الأسباب تدفعنا إلى الهجرة. وتشمل هذه البحث عن حياة ومستقبل أفضل وفرص اقتصادية ووظيفية. وحرية دينية وسياسية وهروبًا من العنف الناجم عن الحرب والاضطهاد والرغبة في الهروب من المناطق المكتظة بالسكان لمكان به عدد أقل من الناس وسعة موارد. وباختصار يهاجر العديد من الناس بسبب الظروف الاجتماعية والثقافية والاقتصادية والعرقية والدينية وغيرها.

إن الرغبة في إيجاد المزيد من الفرص هي أحد أسباب الهجرة. لكن آخرين يضطرون إلى الفرار من بلادهم بسبب الحرب والاضطهاد وتغير المناخ وتهديدات العصابات الإجرامية. قد يعني البقاء في البلد أنهم و / أو أحبائهم سيتم استعبادهم أو قتلهم. والخلاصة: يهاجر البعض بحثًا عن الفرص والبعض منا لأننا لا نرى خيارًا آخر.

ازداد عدد الناس الذين يهاجرون حول العالم بسرعة في السنوات الأخيرة. ا لإدارة الشؤون الاقتصادية والاجتماعية التابعة للأمم المتحدة كان هناك حوالي 272 مليون مهاجر دولي في عام 2019. وهذا يمثل زيادة قدرها 14 مليونًا منذ عام 2017 و51 مليونًا منذ عام 2010. وبالتالي فإن المهاجرين في جميع أنحاء العالم يشكلون ما يقرب من 3.5 % من سكان العالم.[3]

ويشكل النازحون من هؤلاء السكان الذين يفرون من منازلهم عددًا كبيراً. في وقت كتابة هذا الكتاب كانت أنماط الهجرة القسرية مدفوعة بنزاعات مستمرة من أنواع مختلفة في الشرق الأوسط وشرق إفريقيا وأمريكا اللاتينية وأماكن أخرى. تقدر وكالة الأمم المتحدة للاجئين.

على سبيل المثال أن 79.5 مليون شخص حول العالم قد نزحوا قسرا في نهاية

عام 2019.[4]

وأكثر تحديدًا يشكل اللاجئون من دول الشرق الأوسط (مثل سوريا وأفغانستان وجنوب السودان) عددًا كبيرًا من اللاجئين في العالم. وفي الحالة السورية أُجبر أكثر من نصف سكان ذلك البلد على الفرار من ديارهم منذ عام 2011. وهذا يشمل ما يقرب من 6.6 مليون لاجئ يبحثون عن الأمان في البلدان المجاورة). على سبيل المثال لبنان والأردن وتركيا والعراق ومصر[5] (حسب المفوضية السامية للأمم المتحدة لشؤون اللاجئين (UNHCR) كانت دول الاتحاد الأوروبي (EU) أيضًا وجهة رئيسية. تقدر المنظمة الدولية للهجرة IOM أن حوالي 1046600 مهاجر قدموا إلى الاتحاد الأوروبي في عام 2015[7] أي ما يقرب أكثر من 766600 مهاجرًا . من عام 2014[6] ويستمر بهذا الاتجاه. وبلغ عدد طالبي اللجوء لأول مرة في EU الاتحاد الأوروبي 612,700 في عام2019.[7]

الاتحاد الأوروبي والشرق الأوسط ليسا المكانين الوحيدين اللذين يوجد فيهما عدد كبيرمن النازحين مؤخرًا. تقدر شبكة الأمم المتحدة للهجرة على سبيل المثال أن حوالي خمسة ملايين شخص غادروا فنزويلا بسبب عدم الاستقرار الاجتماعي والاقتصادي والاضطرابات السياسية بحلول منتصف عام 2020. هذه هي أكبر أزمة نزوح خارجي في تاريخ أمريكا اللاتينية الحديث. بقي معظم الفنزويليين في أمريكا الجنوبية (كولومبيا وبيرو و تشيلي والإكوادور والبرازيل) لكن هذا يضع عبئًا إضافيًا على تلك البلدان أيضًا.[8]

ومما يثير القلق بشكل خاص أن حوالي 34-30 مليون (38-43 %) نصف المهجرين قسرياً في العالم هم من الأطفال دون سن 18 عامًا بحسب ((UNHCR 2020 مفوضية الأمم المتحدة السامية لشؤون اللاجئين. بعض هؤلاء القاصرين يسافرون بمفردهم بدون والديهم أو أقاربهم). هذا مصدر قلق واضح ويوضح كيف أثر النزوح ألقسري على حياة الشباب.

كما شعرت الولايات المتحدة بتدفق أشخاص من دول أخرى. جاء العديد من هؤلاء من اماكن أفريقية وشرق أوسطية. في عام 2015 اعتبر 46% تقريبًا أنهم مسلمون وهي أعلى نسبة سنوية مسجلة. تم تحديد البعض الآخر على أنهم مسيحيون (44 %) من ديانات أخرى أو لا دينيون. وفقًا لمكتب الإحصاء الأمريكي انخفض صافي الهجرة الدولية إلى الولايات المتحدة من 1,047,000 بين عامي 2015 و 2016 إلى 595,000 إلى سكان الولايات المتحدة بين عامي

2018 و 2019 [9] ولكن بينما تتباين الاتجاهاتحول الهجرة بمرور الوقت. يشير التاريخ إلى أن الهجرة في جميع أنحاء العالم ستستمر بلا هوادة.

غالبًا ما يتغير الاهتمام الشعبي بمجموعات محددة. ركزت التقارير الأخيرة في وسائل الإعلام الأمريكية على القوافل القادمة من المهاجرين من أمريكا الوسطى. تُعرف أيضًا باسم *Via Crucis del Migrante* (طريق مهاجري الصليب)[10]. تتألف هذه القوافل من مجموعات كبيرة من الناس الذين يسافرون من الحدود بين جواتيمالا والمكسيك إلى حدود المكسيك والولايات المتحدة. غالبيتهم من المثلث الشمالي لأمريكا الوسطى (غواتيمالا والسلفادور وهندوراس).

وبحسب ما ورد تم تنظيم أشهر وأكبر القوافل من قبل بويبلو سين فرونتيراس (قرية بلاحدود). ناقش الخبراء تركيبة الناس في هذه القوافل. يعتقد البعض أنهم يتألفون إلى حدكبير من اللاجئين الذين يطلبون اللجوء. وثقت العديد من منظمات حقوق الإنسان أعمال العنف والانتهاكات في أمريكا الوسطى. يذكرنا تقرير صدر عام 2019 عن اللجنة الدولية للصليب الأحمر على سبيل المثال بأن معدلات العنف المسلح في السلفادور وهندوراس وغواتيمالا لا تزال من أعلى المعدلات في العالم.[11]

يجادل أشخاص آخرون يعملون في هذا الموضوع بأن هؤلاء المهاجرين يتألفون من تجمعات كبيرة من المهاجرين الاقتصاديين التقليديين. لا تزال أسباب الهجرة وكذلك الطريقة الصحيحة لتوطين المهاجرين أو ترحيلهم مصدراً للكثير من الجدل السياسي داخل الولايات المتحدة ودول أخرى حول العالم. وهذا يشتمل تعقيدات حول استيفاء متطلبات اللجوء القانونية.

من الجدير بالذكر أيضًا أن الهجرة لا تشمل فقط. الناس الذين يفرون من مواقف سيئة أفاد تقرير الاتحاد الأوروبي Eurostat أنه في عام 2018 حصل 2.6 مليون غير مواطن على الحق في العيش والعمل في الاتحاد الأوروبي من خلال تصاريح متعلقة بالعمل.[12]

تلاحظ وزارة الخارجية الأمريكية أنه في كل سنة مالية يتم إصدار ما يقرب من140,000 تأشيرة عمل على اساس الهجرة. بالإضافة إلى ذلك تم إصدار 389,579 تأشيرة طالب في الولايات المتحدة خلال عام 2018 .[13] قد تبدو جميع الأرقام المذكورة أعلاه مهولة - ملايين هنا وملايين هناك. نعرضها لتوضيح نقطة رئيسية واحدة: ان الهجرة هي قضية مهمة تؤثر على العديد من الأرواح

التي تتطلب اهتمامًا استباقيًا ومدروسًا وموضوعيًا ومستمرًا من المجتمع الأوسع.

تمثل الهجرة إلى بلد جديد تحديات وفوائد محتملة للمهاجرين وللمنطقة الجديدة التي يأتون إليها. في أفضل الظروف ويمكن أن يؤدي تدفق السكان الجدد إلى تنشيط البلدان المضيفة بطاقة وإمكانيات بشرية غير مألوفة ولكنها حيوية. على العكس من ذلك يؤدي فشل الهجرة إلى أعباء ومصاعب على كل من المهاجرين أنفسهم والمجتمع ككل. سوف نقدم بعض الأمثلة التفصيلية في فصول لاحقة.

باختصار يجب أن تدار هجرة. الناس هذه لا سيما عندما تأتي بأعداد كبيرة بشكل جيد من قبل البلدان المضيفة وكذلك أنظمة الدعم الدولية. يجب أن تكون هناك جهود تعاونية ومنسقة. على خلاف ذلك يمكن أن تطغى على البنى التحتية الاجتماعية. في هذا السياق من المهم أن نقول ببساطة إن أي نظام يمكن ان ينهار عندما يتجاوز عدد المهاجرين فيه قدرته. على هذا النحو ليس من المنطقي أن يكون لديك نهج الباب المفتوح بالكامل. لكن حقيقة من غير المرجح أن تتغير وجهات النظر المجتمعية حول الهجرة في الوقت الحاضر. نحن بحاجة إلى التعامل مع هذا الواقع بأكثر الطرق فعالية ممكنة.

يقدم هذا الكتاب لمحة عامة عن الأساسيات الأساسية التي نعتقد أنها يمكن أن تساعد المهاجرين على النجاح في التكيف مع المجتمع الجديد. لدينا عشرين عامًا من العمل الاحترافي في النظرية النفسية والمزاولة السريرية والصحة العامة وغيرها من الأبحاث (الكفاءة الثقافية و تقييمات الطب الشرعي) وتطوير القوى العاملة توفر خلفية خبرتنا في مساعدة المهاجرين على التكيف مع وطنهم الجديد. ولكن بنفس القدر من الأهمية، فهو يعتمد على قصصنا الشخصية والعائلية عن الهجرة. نعتقد أن هذا الكتاب سيكون مفيدًا للمهاجرين وكذلك المهنيين وغيرهم ممن يعملون معهم مباشرة. بالإضافة إلى ذلك، نأمل أن يساعد ذلك في تشكيل سياسة الهجرة.

في الصفحات التالية، نقدم لك ايها القارئ معلومات حول الاتجاهات الديموغرافية ونوصف المفاهيم النفسية والاجتماعية المتضمنة في تجربة الهجرة. لقد قمنا بدمج هذه المفاهيم في نموذج متكامل يمكن أن يساعد في إنشاء اندماج ناجح. سوف نشارك بعض المقالات القصيرة والقصص لتوضيح

النقاط التي نصفها. أخيرًا نطرح عليك أسئلة مهمة في نهاية كل قسم.

لتفكر في تجربتك الخاصة أو تجربة شخص عزيز أو صديق أو زميل في العمل أو عميل. أثناء قراءتك للكتاب نأمل أن نتمكن من تزويدك بالحكمة والمعلومات العملية لمساعدتك في رحلتك وتزويدك بالمساحة الآمنة والمفيدة التي ستسمح لك بالتفكير في تجاربك في النجاح وصراعاتك. لن يكتمل أي كتاب عن الهجرة بدون الاقتراحات والتوصيات التي نقدمها والتي من المؤكد أنها ستساعدك على التنقل في عالم الهجرة الصعب أحيانًا. لقد مشينا في الطريق ونريد أن نمرر ذلك.

قبل أن نبدأ هذه بعض النقاط للتوضيح:

في بعض أجزاء هذا الكتاب، نصف الأعراض المرتبطة بأنواع معينة من الاضطرابات النفسية. يعتمد هذا على خبرتنا السريرية في العمل مع الناس الذين لديهم تاريخ إصابة أو ظروف أخرى ذات صلة. لكن لا يمكن استخدام مثل هذه الأوصاف لتشخيص أو علاجك. لا يمكن القيام بذلك إلا بواسطة محترف تعمل معه بشكل مباشر. لذا إذا وجدت نفسك قلقًا بشأن أي من المفاهيم الموضحة في هذا الكتاب أو جميعها فيرجى معالجتها مع مقدم خدمات الصحة العقلية. إذا لم تكن على اتصال بمعالج فتحدث إلى طبيب الرعاية الأولية الذي يمكنه تقديم التوصيات والإحالات المناسبة للعلاج إذا لزم الأمر.

سنسلط الضوء في هذا النص على المفاهيم والقضايا "النموذجية" لتجربة المهاجرين كما ورد في الأدبيات البحثية. لكننا ندرك تمامًا أننا جميعًا أفراد لدينا قصتنا المميزة لنرويها. يتمتع المهاجرون كمجموعة بقدر من التنوع داخل المجموعة مثل أي مجموعة أخرى.

في هذا الكتاب نستخدم عدة مصطلحات من بينها "المهاجرون" و "النازحون" و "اللاجئون" و "طالبو اللجوء» في كثير من الأحيان تستخدم وسائل الإعلام أيضًا كلمة "أجانب" على المهاجرين. نحن لا نستخدم هذا المصطلح الأخير على نطاق واسع ولكننا سنحدد جميع المصطلحات في مسرد الكتاب للتوضيح. في الوقت الحالي ولتسهيل الأمر سنحدد ثمانية من أكثر المصطلحات استخدامًا أدناه. نسعى لاستخدام كل هذه المصطلحات والأوصاف حسب ترتيبها.

الأجنبي غالبًا ما يستخدم كلمة أجنبي لوصف شخص من خارج بلده. بينما

لا يكون هذا هو الحال دائمًا يتم استخدام المصطلح أحيانًا في سياق سلبي أو ازدرائي (ستتم مناقشتها بمزيد من التفصيل لاحقًا).

المهاجر هو الشخص الذي جاء ليعيش بشكل دائم في بلد ليس مكان ولادته و / أو جنسيته. المفتاح هنا هو كلمة "بشكل دائم". على هذا النحو فإنه لا ينطبق على السياح أو الذين يزورون بلداً أجنبياً للعمل بشكل مؤقت.

المهاجر هو شخص في طور الانتقال بين مكان أو بلد وآخر (باستثناء السياح وغيرهم من المسافرين المؤقتين). يتم تطبيق هذا أحيانًا على. الناس الذين يأتون إلى بلد أجنبي للعمل. (على سبيل المثال عمال المزارع المهاجرون) بقصد العودة إلى الوطن بشكل دوري).

اللاجئ يشير مصطلح "اللاجئ" إلى الناس الذين أُجبروا على الهجرة خارج بلدهم الأصلي بسبب التهديدات التي يتعرضون لها على حياتهم وخطر على أنفسهم. هذا المصطلح صعب لأنه يطبق أحيانًا على نطاق واسع على أي مهاجر أجبر على الهجرة. ولكن على أساس أكثر رسمية فإنها تميل إلى الإشارة إلى وضع قانوني محدد. على سبيل المثال وفقًا للعنوان الثامن من قانون الولايات المتحدة القسم 1100 و 42 1A، اللاجئ هو أجنبي غير قادر أو غير راغب في العودة إلى بلده أو بلدها بسبب الاضطهاد أو الخوف المبرر من الاضطهاد بسبب العرق أو الدين أو الجنسية أو العضوية في فئة اجتماعية معينة أو رأي سياسي. لا يمكن للفرد أن يتأهل لهذا الوضع إذا كان قد اضطهد آخرين أو أعيد توطينه في بلد ثالث أو أدين بارتكاب جرائم خطيرة معينة (على سبيل المثال الجنايات والتهريب والانخراط في العنف المنزلي). تميل المعايير القانونية المحددة التي تملي وضع اللاجئ إلى الاختلاف من بلد إلى آخر.[14]

اللجوء مصطلح يستخدم في سياق اللاجئين الذين حصلوا على وضع هجرة قانونيمحدد في بلد دخلوا إليه. للحصول على حق اللجوء يجب أن يُظهر الناس أنهمتعرضوا للاضطهاد في الماضي أو أن لديهم خوفًا مبررًا من التعرض للاضطهاد في المستقبل في حالة عودتهم إلى بلدهم الأصلي. بالنظر إلى أن. الناس الذين يفرون من منازلهم غالبًا في عجلة من أمرهم لا يميلون إلى الحصول على الكثير من الوثائق الرسمية حول التهديدات الجسدية أو النفسية التي كانوا يتعرضون لها في الوطن فإن إثبات مثل هذه الظروف في المحكمة يمكن أن يكون تحديًا.

الوطن الأم هو البلد الذي نشأ منه. الناس (على سبيل المثال بالميلاد والجنسية وما إلى ذلك).

البلد المضيف هو البلد الجديد الذي دخله المهاجرون.

الطلاب الأجانب هم أولئك الذين يأتون للدراسة في بلد أجنبي بموجب تأشيرة تعليمية. في الولايات المتحدة سيحصل الطلاب الأجانب على تأشيرة معينة M 1- أو . F-1. غالبًا ما يقوم الطلاب الذين يدرسون في بلد آخر غير بلدهم بفرضية أنهم سيعودون إلىالوطن عند الانتهاء من الدراسة.

ملاحظة أخرى بخصوص اللغة والمصطلحات: نحن نعلم أن الناس هم مجموع كلهوياتهم. نحن نحترم جميع الهويات مثل المثليين.

ملاحظة أخرى بخصوص اللغة والمصطلحات: نحن نعلم أن الناس هم مجموع كل هوياتهم. نحن نحترم جميع الهويات مثل المثليين وثنائي الميول الجنسية والحيادية بين الجنسين أو المثليين دون تحيز التوجه الجنسي هو عامل يمكن أن يؤثر على العديد من عناصر أصبح مفضلاً لدى بعض. الناس من أصول الهجرة (وسيتم تناوله في أجزاء من هذا الكتاب). نحن ندرك أن مصطلح لاتينو Latinx من أمريكا اللاتينية. يفضل هؤلاء الأفراد المصطلح لأنه يقدم بديلاً محايدًا بين الجنسين أو غير ثنائي للاتينية أو اللاتينية. ومع ذلك فإننا ندرك أيضًا أن هذا المصطلح لم يتم التعرف عليه من قبل جزء كبير من المجتمع اللاتيني / اللاتيني[15] (مركز بيو للأبحاث). وبالتالي فإننا نستخدم في هذا الكتاب مصطلحات لاتيني / لاتينا ولكننا نقر بتعقيدات الهوية دون استثناء.

نستخدم أيضًا مصطلح "السود" بدلاً من "الأمريكيين من أصل أفريقي" للإشارة إلى . الناس ذوي البشرة الداكنة من أصول أفريقية جنوب الصحراء. السببان الرئيسيان للقيام بذلك هما كما يلي: أولاً نصنا يركز على المستوى الدولي بينما "الأفريقي الأمريكي" هو مصطلح خاص بالولايات المتحدة أكثر. ثانيًا يرتبط "الأمريكيون من أصل أفريقي" إلى حد كبير بتاريخ العبودية في الولايات المتحدة ولا يرتبط بتجربة المهاجرين الجدد القادمين إلى الولايات المتحدة من أجزاء مختلفة من إفريقيا. نحن نتفهم أنه لا يوجد إجماع كامل حتى الآن على المصطلح الذي يفضله. الناس من أصل أفريقي في الولايات المتحدة.

سنستخدم في هذا الكتاب مقالات قصيرة وقصص شخصية لتوضيح النقاط. ولا تكشف هذه المقالات القصيرة عن أي معلومات تعريفية لأي شخص عملنا أو تعاوننا معه. بل هي مزيج من خبرتنا ومعرفتنا. والأسماء المستخدمة في هذا الكتاب غير أسماء أفراد عائلتنا هي للذين حصلنا منهم على الإذن بالنشر كأشخاص معينين. يتم استخدام أسماءهم للتوضيح فقط وأي تشابه مع الناس سواء أكانوا أحياء أم أمواتًا هو مجرد مصادفة.

2

الإندماج الناجح
نـظـرة عـامـة مـوجـزة

قـد يكون التكيـف مع الظروف الجديـدة أمرًا مرهقًا حتى في ظل أفضل الظروف. لنفترض أنك اشتريت للتو منزلًا جديدًا. إنه جميل - الشخص الذي طالما أردته. في يوم الانتقال تجد نفسك جالسًا بين الكثير من الصناديق. لم يتم تنظيم أي شيء حتى الآن. لم يتم إنشاء شيء يمثل العثور على الأشياء - حتى لو تم تصنيف الصناديق - تحديًا ويمكن أن يشعر بالإحباط. وماذا حدث بالضبط لأدوات النظافة؟

الانتقال يعيق الروتين في محيط غير مألوف. ليس من المستغرب أن يسبب هذا بعض المعاناة. تخيل الآن أنك لا تنتقل عبر المدينة بل إلى بلد جديد. أنت لا تعرف مكان أي شيء وكيف يعمل أي شيء وغالبًا ما يستخدم جيرانك الجدد لغة لا تفهمها. يمكن أن يثير هذا عددًا من الأسئلة: كيف تتناسب مع بلدك الجديد؟ هل ستكون صعبة للغاية؟ هل سيقبلك السكان المحليون؟ هل ستفقد جزءًا من هويتك الأساسية أو كلها إذا تكيفت مع هذا المكان الجديد؟

يمكن أن يكون العمل والتعليم ضغوطًا إضافية. هل سيقبل الناس في بلدك الجديد تعليمك وخبرتك؟ بعض المهاجرين لديهم تعليم قليل جدا إن وجد. حتى عندما يكون. الناس من ذوي المهارات العالية والمحنكين والمتعلمين) مثل الأطباء أو المحامين) قد لا تقبل البلدان المضيفة أوراق اعتمادهم بسهولة. إذا تم تعيينك من قبل صاحب العمل للعمل في بلد جديد وتم فحص مؤهلاتك مقدمًا من خلال تأشيرة E1 أو E2 والعمل والأهداف المهنية فهذا ليسمشكلة. لكن بخلاف ذلك فإن العثور على عمل سواء كمحترف أو عامل غير ماهر يمكن أن يكون عائقًا كبيرًا أمام التكيف الناجح مع محيطك الجديد.

تقر الأدبيات العلمية والسريرية بأن المجموعات المتميزة ثقافيًا ولغويًا والتي تهاجر إلى بلد جديد تواجه ضغوطًا نفسية-اجتماعية أحيانًا لأكثر من جيل واحد فإذا استمرت المشكلات التي واجهها المهاجرون الأول. حتى عمليات النقل البسيطة نسبيًا في ظل ظروف إيجابية يمكن أن تكون صعبة.[16] ليس من المستغرب أن يكون التعلم في بلد جديد (على سبيل المثال كاكتساب لغة جديدة والتكيف مع قواعد مجتمعية مختلفة وتغييرات في الوضع الاجتماعي) غالبا ما يكون مرهقًا بالفطرة [17]. لقد تم الاعتراف بهذه الصعوبات في كتب التشخيص الرسمية التي تعالج الصعوبات النفسية المرتبطة بالهجرة. بدءًا من الإصدار الرابع " أدرج الدليل التشخيصي والإحصائي للاضطرابات العقلية التابع للجمعية الأمريكية للطب النفسي.[18,19] في مصطلحات التشخيص التي يستخدمها. التصنيف الدولي للأمراض ولاحقًا الطبعة العاشرة.[20] في بعض الحالات يمكن أن تمتد هذه الصعوبات إلى الأجيال الثانية والثالثة خاصة إذا استمرت الحالة الاجتماعية والاقتصادية المتدنية أو العزلة الاجتماعية.[21,22] قد تكون التجارب التي يجلبها الناس معهم إلى منازلهم الجديدة صعبة أيضًا. على سبيل المثال تعرضت أعداد كبيرة من المهاجرين من الشرق الأوسط لأحداث مؤلمة بما في ذلك الحرب والاضطهاد والسجن والتعذيب في بلدانهم الأصلية كما في مرجع «مشروع سلام» وبالمثل تعرض العديد من. الناس القادمين من المثلث الشمالي في أمريكا الوسطى لتهديدات العصابات والعنف. هذا يمكن أن يترك ندوب جسدية ونفسية.

اقترح عدد من الأكاديميين نموذجًا يوضح الخطوات التي يميل المهاجرون إلى اتباعها في التكيف مع بلد جديد. التمثيل الشائع لهذا النموذج هو كما يلي:

في مرحلة"الوصول" الأولى قد يكون هناك إثارة وسحر للتواجد في مكان جديد. فإذا كان الناس قد هربوا من ظروف خطيرة فيمكن أن يشعروا بالارتياح والأمان. ولكن قد يكون هناك أيضًا بعض الالتباس حول البيئة الجديدة. في "المرحلة الثانية" يضرب الواقع. يمكن أن ينطوي هذا على وعي متزايد بأن التكيف صعب و يمكن أن تبدأ خيبة الأمل خاصة إذا وصل المهاجر بأفكار غير واقعية عن الفوائد التي يجب أن تقدمها دولة جديدة.

ويمكن أن تتأثر المرحلة الثانية أيضًا بالتجارب التي يتم فيها التمييز ضد المهاجر بناءً على أصولهم وعرقهم وعوامل أخرى. ردود الفعل على هذه

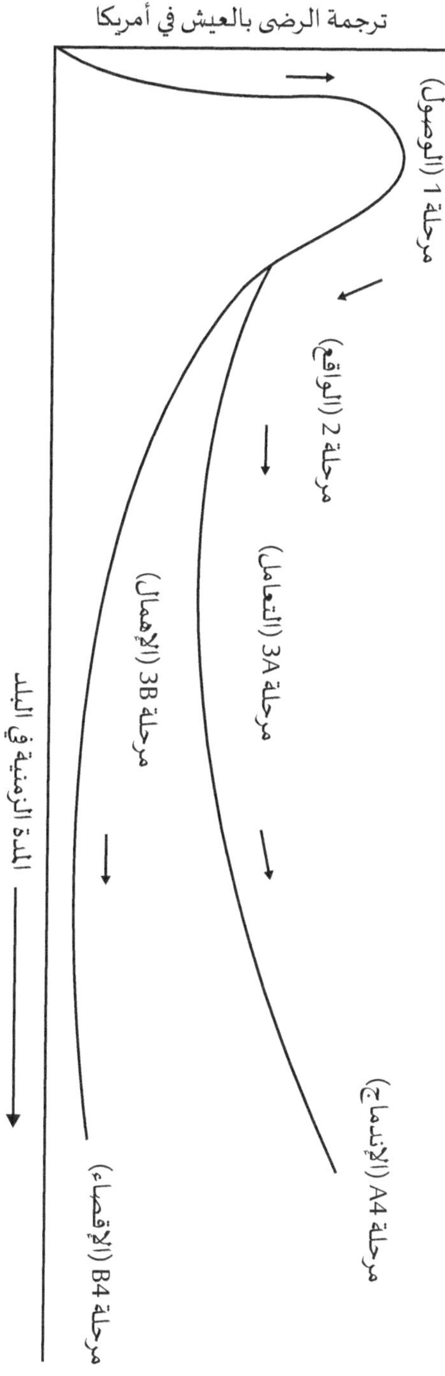
ترجمة الرضى بالعيش في أمريكا
مرحلة 1 (الوصول)
مرحلة 2 (الواقع)
مرحلة 3A (التعامل)
مرحلة 3B (الإهمال)
مرحلة A4 (الإندماج)
مرحلة B4 (الإقصاء)
المدة الزمنية في البلد

الظروف تتراوح من الخوف والغضب إلى الإحباط. بالإضافة إلى ذلك قد يشعر العديد من المهاجرين بفقدان بلدهم الأصلي. إن مدى لتأقلم المهاجرين الجدد مع المرحلة الثانية من "التحقق من الواقع" له تأثير كبير على نجاحهم لاحقًا. في هذه العملية يعزز استقرار الأسرة ودعمها والصحة والمرونة الشخصية نتائج إيجابية. يمكن أن يؤدي مدى تأقلم. الناس في المرحلة الثانية إلى مستقبل أكثر حرية من الأعباء العاطفية والجسدية وأقل ترددًا في تجربة مساعي جديدة مثل العثور على عمل وتكوين صداقات والاستمتاع بالحياة بشكل عام.

تتضمن المرحلة الثالثة حقًا مسارين بديلين. أحدها الذي يُسمى غالبًا "التفاوض" يتضمن أن يأخذ المهاجر زمام المبادرة ويطور شبكات اجتماعية ويتعلم مهارات جديدة (مثل اللغة) وإيجاد أدوار اجتماعية إيجابية ليقوم بها. على الجانب السلبي "الاغتراب" ينطوي على الانسحاب واليأس واللامبالاة. وليس من المستغرب أن يؤدي هذا المسار في نهاية المطاف إلى اختلالات وظيفية في الأسرة والاعتماد على الآخرين والبطالة وفي بعض الحالات حتى المشكلات القانونية.

"الإندماج" هو المسار الأكثر إيجابية و يؤدي إلى امكانية تعديل نفسي واجتماعي أفضل وزيادة الاكتفاء الذاتي والثقة بالنفس والمهارات المفيدة والنظرة الأكثر تفاؤلاً نحو المستقبل.

في الفصول التالية يتناول هذا الكتاب بمزيد من التفصيل المفاهيم التي نعتقد أنها مهمة للاندماج الناجح. نناقش التعليم والصحة الاقتصادية والجسدية والعقلية والظروف الاجتماعية الأخرى. نتناول أيضًا العوائق المحتملة أمام النجاح وأهمية المرونة والتوصيات حول كيفية التغلب على الحواجز من خلال نقاط القوة الشخصية والقدرة على بناء الشبكات الاجتماعية والدعم. في هذه العملية من المهم أن نتذكر أنه كمهاجرين لا يتعين علينا بالضرورة التخلي عمن نحن في جوهرنا من أجل "الاندماج بنجاح" أو التكيف مع منازلنا الجديدة.

أسئلة قد ترغب في أخذها في الاعتبار:

عندما تفكر في تجربة الهجرة الخاصة بك أو تجربة شخص عزيز عليك:

- ما هي العوامل والذكريات والتجارب التي تظل أكثر أهمية بالنسبة لك؟
- هل كانت الرحلة نفسها؟
- كم من الوقت استغرقت هذه العملية؟
- ما الخبرات التي مررت بها على طول الطريق؟
- كيف تصف عملية اندماجك في حياتك الجديدة؟
- هل تعتقد أنك كنت ناجحا؟
- إذا كان عليك القيام بذلك مرة أخرى فهل ستفعل أي شيء بشكل مختلف ؟
- (إذا كان الأمر كذلك ما هو؟)
- هل هناك رؤى وحكمة يمكن للآخرين تعلمها من تجربتك؟

3

الإندماج
العوامل والتحديات

عندما تسمع أشخاصًا في وسائل الإعلام يتحدثون عن المسار الذي يؤدي إلى نجاح المهاجرين غالبًا ما تستخدم كلمات مثل "الاندماج" و "بوتقة الاندماج". في هذا السياق يعني الاندماج كما كان يعتقد في الماضي أنه: 1) عليك التخلي عن هويتك و من أنت في العمق - وأن تصبح "أنت جديدًا" في البلد الجديد و 2) "أنت جديد" يجب أن يتناسب مع الثقافة السائدة الموجودة في ذلك البلد.

تشير "بوتقة الإندماج" إلى أن جميع . الناس بمن فيهم المولودون في ذلك البلد يتغيرون ليلائمون معيارًا ثقافيًا متغيرًا. قد تكون فكرة أن الناس سيُطلب منهم تغيير من هم وكيف يرون أنفسهم في عالم مخيف. يخبرنا علماء النفس أن الكثير من هويتنا تتكون من المجموعات الاجتماعية التي نحددها على أنها جزء من. عندما نسأل "من أنت؟" نميل إلى الاستجابة بتصنيفات مثل الجنس و/أو التوجه الجنسي (رجل/ امرأة/ متحول جنسيًا/ مثليًا/ مستقيمًا ثنائي الجنس, إلخ)، الأدوار العائلية (على سبيل المثال: الزوج/ الزوجة/الأب الأم)، الانتماءات السياسية أو الانتماء الديني أو العضوية القبلية أو المهنة أو مزيجًا من هؤلاء. (على سبيل المثال: مهندسة سوداء). كل هذه مجموعات اجتماعية. حتى أسمائنا تميل إلى تحديد أصولنا العرقية هو اسم إسباني معين؛ ينحدر "هانز" من أصول جرمانية (على الرغم من أنه شائع "Rogelio" والقومية. على سبيل المثال أيضًا في البلدان الناطقة باللغة الدنماركية والهولندية والنرويجية والأيسلندية والسويدية). تسمية نفسك هو أمر أساسي لمن أنت.غالبًا ما يكون التفكير في أنه قد يتعين علينا تغيير ذلك ليناسب مكانًا ما أمراً محزنًا.

حتى لو كانت لدينا خلفية تعليمية واقتصادية قوية فهناك تحديات. ستعتمد درجة مجهودك للتغيير والتكيف على المكان الذي أتيت منه والمكان الذي تذهب إليه. إن تعلم لغة جديدة ليس بالأمر السهل بالنسبة لمعظمنا بغض النظر عن تاريخنا الشخصي. ولكن حتى إذا كان بلدك الجديد يستخدم لغتك الأم فمن المحتمل أن تواجه العديد من التقاليد والأعراف والمتطلبات المختلفة. الطلاب الأجانب على سبيل المثال يميلون إلى أن يتعرضوا لضغوط مرتبطة بالبيئات الأكاديمية الأجنبية.[25] كما نتناول في الفصول اللاحقة من المحتمل أن يكون للمهنة التي اخترتها قواعد وأنظمة مختلفة في البلد الجديد.

كذلك هناك اختلافات أخرى أقل وضوحًا ولكنها مهمة جدًا بين البلدان. حيث يتم لستخدام أدوية مختلفة حسب الاماكن. قد تكون القوانين المتعلقة بالقيادة والخصوصية والتدخين مختلفة. من المؤكد أن آداب السلوك المهذب تختلف. والقائمة تطول. أحد الأخبار السارة هو أنه بينما قد تضطر إلى تغيير طريقة قيامك ببعض الأشياء لا يتعين عليك بالضرورة تغيير الطريقة التي ترى بها نفسك على المستوى الأساسي. غالبًا ما يستخدم الباحثون الذين يتعمقون في قضايا الهجرة مصطلح التثاقف (التأقلم) "اكالتشريشن" (و يشار إليه أحيانًا باسم" انكالتشريشن "). مصطلح آخر يستخدم بشكل متكرر هو "الهوية العرقية". على الرغم من وجود بعض التداخل بين هذه المفاهيم إلا أنها ليست نفس الشيء تلقائيًا.

سنناقش هذه المفاهيم بالتفصيل أدناه. ولكن باختصار فإن التثاقف (التأقلم) يركز أكثر على المهارات والعادات التي نتبناها في مجتمع جديد. تشمل الأمثلة النموذجية اللغة وفهم قوانين وقواعد المجتمع وإشارات الطرق وما إلى ذلك. يركز مصطلح "الهوية العرقية" بشكل أكبر على كيفية رؤيتنا وتعريف أنفسنا في الصميم.

التثاقف

يعرف التثاقف (التأقلم) رسميا بأنه الظاهرة الناتجة عن تواصل مجموعات أفراد ذوي ثقافات مختلفة بشكل مستمر و اتصال مباشر. وتؤدي إلى تغييرات لاحقة في الثقافة الأصلية لأنماط أي من المجموعات و / أو كلها. بمعنى آخر إنه عندما يبدأ المهاجر في اكتساب قواعد التكيف مع هذا البلد. على المستوى

الأساسي فإنه يميز عملية التغيير الثقافي للفرد. [26]

التثاقف (التأقلم) باختصار. خاصة على المستوى النفسي ينطوي على التكيف الديناميكي مع ثقافة البلد الجديد. يحدث في سياق المجتمعات المحلية والظروف الاقتصادية ومجموعة من العوامل الأخرى. يمكن للتثاقف (التأقلم) أن يغير العديد من جوانب حياة المهاجرين. غالبًا ما يكون أحد التغييرات الرئيسية هو تعلم لغة جديدة. لكن المواقف الأساسية والآراء السياسية والوضع الاقتصادي والقيم الشخصية والتفضيلات الغذائية وما يستمتع به الناس من الترفيه والعادات التي ينخرط فيها الناس يمكن أن تتطور أيضًا. ومع ذلك فإن التثاقف (التأقلم) ليس عملية "مقاس واحد يناسب الجميع" كما هو موضح أدناه هناك العديد من الطرق التي يمكن أن تحدث من خلالها. الكثير من هذا يعتمد على خصائص الفرد والمناخ الاجتماعي الجديد الذي يجده المهاجر في بلده الجديد. [25]

يحدث التثاقف (التأقلم) عادة على مراحل ويتأثر إلى حد كبير بعمر الشخص. وفقًا للبحث يتعلم الأطفال لغة جديدة بسرعة أكبر من نظرائهم البالغين. قد يكونون أيضًا قادرين على التحدث بلغة جديدة بسهولة أكبر بدون لهجة. في المقابل قد يكون هذا أكثر صعوبة بالنسبة للكبار البالغين.

عادةً ما يميل الناس أيضًا إلى تعلم لغة جديدة أولاً ثم السعي وراء فرص أخرى لبناء روابط مجتمعية أوسع (نظرًا لأن هذه الفرص تنفتح مع المهارات اللغوية). ومع ذلك هناك حالات عاش فيها المهاجرون في بلدهم الجديد لفترة طويلة ولا يزالون لا يكتسبون اللغة المحلية. في مثل هذه الحالات يميلون إلى العيش في مجتمعات تتكون من أشخاص من أصول مماثلة مما يجعل من الممكن لهم العيش في بلدهم الجديد مع الحفاظ على هوية قوية مع قيم ثقافتهم الأصلية. نظرًا لوجودهم حول أشخاص يتحدثون اللغة التي يعرفونها فقد يحتفظ المهاجرون الأكبر سنًا بالكثير من هوياتهم العرقية والقومية الأصلية. ومع ذلك فإن عدم تعلم لغة البلد المعتمد يعني أنهم أقل قدرة على الوصول إلى الفرص الكاملة التي يوفرها بلدهم الجديد.

كما هو مبين جزئيًا أعلاه، فإن التثاقف (التأقلم) أو اختيار عدم التثاقف) هو ظاهرة نفسية معقدة ومتعددة الأوجه. في الماضي كان يُعتقد أنه يتطلب أن يتخلى الشخص عن الأساليب القديمة في التفكير والتصرف من أجل التكيف

مع بلده الجديد. اليوم تأخذ الفلسفات المتطورة حول عمليات التثاقف (التأقلم) في الاعتبار المسارات العديدة التي يمكن للمهاجر أن يتخذها ليشعر بأنه في وطنه في بلده الجديد. أحد النماذج الأساسية التي اقترحها جون بيري.[27] والمعتمد على نطاق واسع هو كما يلي:

نموذج التثاقف		
	يميل إلى الحفاظ على أعراف بلد المنشأ	لا يحتفظ بأعراف بلد المنشأ
يتعلم ويتبنى قواعد البلد الجديد	مندمج (ثنائي الثقافة)	مستوعب
لا يتعلم ولا يتبنى قواعد البلد الجديد	منفصل عن المجتمع العام ومتمسك بتقاليد بلد المنشأ	مهمش (أو يطور شيئاً جديد تماماً)

بالنظر إلى هذه المربعات الأربعة المحتملة فإن النتائج المحتملة للتثاقف (التأقلم) بدرجة أقل هي كما يلي:

الاندماج في هذا السياق يعني أن المهاجرين قد تخلوا عن الأعراف والممارسات المرتبطة بالبلد الذي أتوا منه واستبدلوا هذه الممارسات بممارسات بلدهم الجديد. هذه هي في الأساس النظرة القديمة للاندماج: الاعتقاد بأنه بحكم التعريف يجب على الناس أن يتركوا وراءهم تقاليد من وطنهم لتعلم تقاليد جديدة. أظهرت الأبحاث الآن أن هذا ليس المسار الوحيد في التثاقف. ومع ذلك قد تكون استراتيجية للأشخاص الذين يعتقدون أن هجرتهم تمثل انفصالًا تامًا عن الماضي وبداية جديدة لمستقبل أفضل. قد يتم تبنيها أيضًا من قبل أولئك الذين هم على خلاف مع المعتقدات الشائعة في وطنهم و/أو الذين تعرضوا للاضطهاد بسبب معتقداتهم المختلفة. قد تلعب أيضًا قضايا مثل التشابه بين بلد المنشأ والبيئة الجديدة (نفس اللغة وأوجه التشابه في الدين) وكذلك الظروف السياسية التاريخية (مثل الهروب من مجتمع في حالة حرب الآن مع البلد المضيف الجديد) أثناء الهجرة. دور فيما إذا كان المهاجر يختار الاندماج. قد ينظر الآباء المهاجرون إلى الاندماج كخيار أكثر أمانًا لأطفالهم. من المحتمل أيضًا أن يصبح الاندماج في جميع عائلات المهاجرين هو السائد مع كل جيل جديد. من المرجح أن يندمج الأطفال أكثر من والديهم ومن ثم يواصل الأطفال

هذه العملية أكثر.

لفهم الاندماج تمامًا من المهم أيضًا مراعاة التاريخ. في الولايات المتحدة خلال القرن الثامن عشر على سبيل المثال كان من المتوقع أن يندمج المهاجرون وينسجمون مع الحياة الأمريكية السائدة مما يجعل الاندماج بناءًا قسريًا للهجرة.

الانفصال هو في الأساس عكس الاندماج وينطوي على درجة محدودة نسبيًا من التثاقف. يشار إلى هذا أحيانًا على أنه "تقليدي". يحدث ذلك عندما يختار المهاجرون الحفاظ على معايير بلدهم الأصلي ولا يتبنون ممارسات بلدهم الجديد. هناك العديد من الأسباب لمثل هذه النتيجة. قد يعتقد بعض. الناس الذين خضعوا للهجرة القسرية أنهم سيعودون في النهاية إلى بلدهم الأصلي. على سبيل المثال ربما أجبرتهم الحرب أو العنف على المغادرة. لكنهم يتمسكون بمعايير وطنهم معتقدين أنهم سيعودون عندما يهدأ الوضع "الى الوطن".

قد يعتقد البعض أيضًا أن تعلم لغة جديدة أمر صعب للغاية ولا يشعروا بالأمان إلا عندما يحيط بهم آخرون من وطنهم أو قد يشعرون أن بعض ممارسات البلد الذي يجدون أنفسهم فيه تتعارض مع معتقداتهم الأخلاقية أو الدينية يمكن أن تكون النتيجة أحياء عرقية تعزل المهاجرين عن المجتمع الأوسع. في حين أن راحة المألوف مفهومة فإن هذا الخيار يحد أيضًا من حيث النجاح الاقتصادي والمشاركة العامة في المجتمع الأوسع.

التهميش مصطلح يستخدم بشكل متكرر مع المهاجرين الذين لا يحافظون على أعرافهم الاجتماعية التقليدية ولا يتبنون معايير بلدهم الجديد. من الافتراضات الشائعة وإن كانت غير صحيحة في كثير من الأحيان أن الناس لا يجدون أنفسهم ينتمون أساسًا إلى فئة واضحة. لكن بعض الناس لا سيما في صفوف الأجيال الشابة طوروا تعابير شخصية جديدة لا تظهر تلقائيًا في وطنهم أو مجتمعهم الجديد. كما ذكرنا سابقًا تستمر عملية التثاقف (التأقلم) عبر الأجيال ويمكن أن تتخذ أشكالًا جديدة مع أطفال المهاجرين. يمكن أن تتطور الظروف الفريدة في هذا السياق. على سبيل المثال في الثقافة المكسيكية الأمريكية في الأربعينيات من القرن الماضي ارتدى بعض الشباب زوت سوتس وهي أزياء فريدة ربما تكون مشتقة من المجتمعات السوداء خاصة موسيقى الجاز. لم يكن يقوم الناس بتخصيص هذا النمط شائعًا في المكسيك أو في

الولايات المتحدة الأوسع. وبالمثل في ثقافة السيارات الكلاسيكية بطرق فريدة. لا تتمتع التقاليد الأمريكية والمكسيكية السائدة بهذا الشكل من التعبير. نشك في أن العثور على شخص متدنٍ في مدينة مكسيكو سيتي سيكون أمرًا صعبًا. باختصار يتبنى بعض الناس هذه الاستراتيجية التثقيفية - ابتكار عاداتهم التعبيرية كثقافة مهاجرة - لتطوير هوية جديدة وفريدة من نوعها لأنفسهم.

الاستيعاب الذي يطلق عليه أحيانًا ثنائية الثقافة هو استراتيجية يحافظ فيها الأفراد على الممارسات ذات الصلة من بلدهم الأصلي كما يتبنون ممارسات من بلدهم الجديد. بعبارة أخرى يحافظ الناس على درجة معينة من اندماج الثقافة المنزلية بينما يتعلمون في نفس الوقت كيفية المشاركة كجزء حيوي من الشبكة الاجتماعية الأكبر في بلدهم الجديد. هذا لديه القدرة على أن يكون نهج "أفضل ما في العالمين". كونك على دراية جيدة بثقافتين أو أكثر يوفر الوصول إلى الموارد المفيدة في مجموعة من الإعدادات. أن تصبح ثنائي اللغة أو حتى متعدد اللغات هو مثال جيد على الاندماج. لديه القدرة على تعزيز نجاحك لأن التحدث بلغات متعددة له قيمة عالية في أجزاء معينة من العالم. بالطبع بعض جوانب أن تصبح ثنائي الثقافة أسهل وبعضها أصعب. قد يكون تعلم قراءة لافتات الشوارع أمرًا سهلاً نسبيًا. لا تنسى كيف تقرأ تلك الموجودة في بلدك الأصلي في هذه العملية. لكن التفاوض على ديانتين مختلفتين(في حالة الهجرة إلى بلد يختلف فيه الدين السائد بشكل ملحوظ عن دينك) هو أقل قابلية للتطبيق.

ما الذي يحفز الناس على استخدام أحد هذه الخيارات؟ لماذا يكون بعض الناس أكثر استعدادًا لتولي عادات وممارسات بلدهم المتبنى بينما البعض الآخر ليس كذلك؟ تم بالفعل مناقشة بعض الأسباب أعلاه. لكن هناك العديد من الظروف التي يجب التفكير فيها. يستمر البحث في هذا المجال لتوسيع معرفتنا. يرجى الإطلاع على بعض الموارد حول هذا الموضوع في نهاية هذا الفصل.

باختصار يمكن وصف التثاقف (التأقلم) بأنه العملية التي يتعلم خلالها المهاجر (أو لا يتعلم مجموعة من المهارات التي ستكون ضرورية للاندماج بنجاح في المجتمع الجديد الأوسع. تؤثر العملية على العديد من جوانب حياة المهاجر. وهذا يشمل كيفية المرض بما في ذلك الضائقة النفسية وخدمات الرعاية الصحية وكيف يتم استقبال المهاجرين من قبل المجتمع الأوسع.سوف نتناول

التثاقف (التأقلم) وتصورات الصحة الجسدية والعقلية والرعاية في فصول لاحقة. لكن أحد الجوانب المحددة والأكثر ارتباطًا بالصحة العقلية هو كما يلي.

عناء التثاقف

عملية تتطلب من الناس تعلم مهارات جديدة ومختلفة يشتمل الكثير منها على فروق دقيقة يمكن أن تكون صعبة للغاية وغالبًا ما تسبب التوتر. إحدى النتائج المحتملة للتثاقف (التأقلم) هي تراكم الهموم والقلق. هذا يقودنا إلى مفهوم "العناء التراكمي "يُعرَّف هذا العناء بأنه تدهور ملحوظ في الحالة الصحية العامة للفرد. وهي تشمل الجوانب الفزيولوجية والنفسية والاجتماعية التي ترتبط صراحة بعملية التثاقف. يمكن أن تتراوح درجة العناء المتراكم الذي يعاني منه الفرد من التوترات الخفيفة التي تتحسن تدريجيا مع تكيف الفرد إلى العناء .و الأكثر شيوعا هم الأفراد الذين يعانون الإنهاك الذي يزداد سوءا بمرور الوقت بسبب تراكم العناء و يظهرون أعراض القلق والاكتئاب التي قد تزداد في غياب نظام دعم اجتماعي فعال.

كما هو مذكور في الفصل الثاني، جرى تعريفه في كتب التشخيص الرسمية التي تعالج الصعوبات النفسية المرتبطة بالضغط التثاقفي والميل الى شدة العناء التراكمي بسبب الهجرة. وتم استخدام "عناء التثاقف" و"صعوبة التثاقف" كمصطلحات تشخيصية(DSM-5) والاعتماد على أوجه التشابه أو الاختلاف بين بلد منشأ المهاجرين وبلدهم الجديد. وهذا يشمل المواقف السياسية والاجتماعية للثقافة المضيفة الجديدة وخاصة تجاه القادمين الجدد. ليس من المستغرب أنه كلما تمت مقارنة الثقافة المضيفة بالثقافة الأصلية للوافد الجديد سيجد اختلافاً جذرياً مع احتمال معاناة الضغط التراكمي أكبر بشكل عام بالنسبة للمهاجر الذي يتم البحث عنه بشدة بسبب الخبرة المهنية و/أو الذين "يشبهون" السكان المحليين (لأن البلد الأصلي والبلد الجديد لهما نفس اللغات والتقاليد والدين والتكوين العرقي) قد يكون اقتراح التثاقف (التأقلم) نسبيًا أسهل. من ناحية أخرى يميل الناس الذين يبدون "مختلفين" والذين يأتون من ظروف اجتماعية واقتصادية أقل أو الذين لا تُقبل معرفتهم وخبرتهم في بلدهم الجديد (مثل الأطباء المدربين في الخارج إلى مواجهة المزيد من العقبات للتغلب عليها.

كما لوحظ سابقًا، هناك أيضًا مكونات عمرية للتثاقف. عادة ما يكون لدى. الناس الأصغر سنًا وقت أسهل في تعلم لغة جديدة والتكيف مع البيئات الجديدة. حقيقة أنهم أصبحوا هم من يساعدون الأقارب الأكبر سنًا على الإبحار في المجتمع يمكن أن يؤذي تماسك العائلات التي تنحدر من ثقافات أكثر تحفظًا وتشعر بعدم الاحترام عندما يتبنى أطفالها ممارسات أكثر ليبرالية في بلدهم الجديد. بينما بشكل عام غالبًا ما يتحدى المراهقون الآباء والأمهات خلال الأوقات الأكثر استقرارًا عندما تتزامن التغيرات الدماغية للمراهق مع الهجرة ويمكن أن يكون عدم التوازن في فعالية الأسرة أكثر وضوحًا. و يمكن لعملية التثاقف (التأقلم) كما ذكرنا سابقًا أن تمتد عبر عدة أجيال حيث يتصرف كل منها في الواقع العمراني والزمني.

بالنظر إلى ما سبق قد يعيش الآباء والأطفال المهاجرون بشكل متزايد في ما يرقى إلى عوالم مختلفة. غالبًا ما يكون لدى الآباء القليل من الفهم لحياة أطفالهم خارج المنزل. من ناحية أخرى يواجه الأطفال التوفيق بين توقعات ثقافة في المنزل وأخرى في المدرسة. قد يجعلهم ذلك يترددون في طرح أي مشاكل مع والديهم لأن هؤلاء الآباء لا يعرفون جيدًا الثقافة الجديدة بشكل كافي لتقديم "نصيحة جيدة" قد يقلق الأطفال أيضًا بشأن زيادة الضغط على والديهم.

لقد وجد البحث صلات بين اكتساب المراهقين للغة اللاتينية والأسرة والمجتمع الأوسع. في المتوسط كان ينظر إلى أولئك الذين تعلموا القليل من اللغة الإنجليزية بشكل أفضل كأطفال أفضل (بشكل أساسي (من قبل أسرهم المباشرة وأصدقائهم بينما أولئك الذين. تعلموا المزيد من اللغة الإنجليزية لديهم تجارب أكثر إيجابية في جميع مجالات الحياة الأخرى مثل المدرسة[29] (بيريز،2011). يمكن أن يكون فقدان القرب من الأسرة مصدرًا للتوتر لدى المراهقين. الشعور بأن عليهم الاختيار بين العائلة والنجاح في العالم الأوسع ليس خيارًا سهلاً بالنسبة لهم. يمكن للوالدين أن ينزعجوا إذا شعروا بأن أطفالهم تخلفوا عن الركب. ثم يلتقط الأطفال هذه المعاناة التي يمكن أن يجعلهم قلقين.

يشتد عناء التثاقف (التأقلم) كذلك بين اللاجئين. ولكن تجربتهم ليست فريدة من نوعها. على سبيل المثال يمكن أن تقترب مستويات عناء التثاقف (التأقلم) التي أبلغ عنها الطلاب الدوليون من مستويات العناء لدى اللاجئين وهو ما قد

يفاجىء في البداية. و قد يكون هذا نتيجة لأن الطلاب الدوليين على الأرجح لديهم موارد شخصية محدودة عند دخولهم دولة مضيفة. قد تتسبب تجربتهم كطلاب أيضًا في العديد من التحديات المتداخلة نظرًا لأنه بالإضافة إلى مواجهة مشكلات التثاقف (التأقلم) العام يواجه الطلاب ضغوطًا أكاديمية تقليدية. يتفاقم هذا الضغط بسبب نقص أنظمة الدعم الشخصية التي يمكن للطلاب المحليين الاستفادة منها. إن التأثير المشترك للضغوط إلى جانب النقص المحتمل في الموارد المتاحة لمساعدة الطلاب الدوليين والانتقال إلى المجتمع بأسره يجعل الطلاب أكثر عرضة للتأثيرات الضارة للعناء التثاقفي. بالإضافة إلى المعاناة من نسبة أكبر من الأمراض المرتبطة بالتوتر لا يميل الطلاب الدوليون إلى طلب المساعدة النفسية خوفًا من العار. و هذا يؤدي مرة أخرى إلى تفاقم المشكلة[25].

باختصار، ليس من المستغرب أن يكون التثاقف مرهقًا حيث ربطته أدبيات البحث بالصعوبات العاطفية (مثل الاكتئاب والقلق والوحدة وتعاطي المخدرات والمشاكل الجسدية والتوتر في العلاقات الأسرية) وغيرها من الصراعات. هناك أيضًا أدلة مهمة على أن بعض المجموعات أكثر تأثراً من غيرها. أحد هذه العوامل هو ما إذا كانت هجرة الشخص طوعية أم لا. ويعاني المهاجرون القسريون من عناء ثقافي بنسبة 50 % أكثر من أولئك الذين غادروا بلدهم الأصلي في ظل ظروف أكثر إيجابية. كما تم وصفه سابقًا ويمكن أن تكون ديناميكيات الأسرة مرهقة أيضًا بالإضافة إلى ردود الفعل السلبية التي قد يتعرض لها المهاجرون من قبل الناس في محيط المجتمع الأوسع. سنناقش ذلك في قسم "التمييز" أدناه.

ما الذي يمكن أن يساعد في جعل التثاقف (التأقلم) أقل عناءا؟ ربطت الأبحاث بين القلق الأقل وصغر السن عند هجرة المستويات الأعلى من التعليم. وجدت بعض الدراسات أيضًا أن الرغبة أو على الأقل الرغبة في التثاقف (التأقلم) يمكن أن تقلل من التوتر. وإن الجهود التي يبذلها المجتمع الأوسع لتطوير أنظمة اجتماعية شاملة ومنظمة واندماجية تساعد الوافدين الجدد على النجاح وستساهم في إيجاد حل.

ومع ذلك فإن التثاقف (التأقلم) ليس هو التحدي الوحيد الذي يواجهه المهاجرون عندما يتفاعلون مع ثقافتهم الجديدة. عنصر آخر هو كيف نحدد أنفسنا في جوهرنا. يقودنا هذا إلى مناقشة الهوية العرقية.

الهوية العرقية

عرّفها الدكتور جان فيني الخبير الرائد في مجال الهوية العرقية بأنها *"جانب أساسي دائم من الذات و إحساسًا بالانتماء إلى مجموعة عرقية والمواقف والمشاعر المرتبطة بهذه العضوية".*[31]

بشكل غير رسمي يمكن وصف "الهوية العرقية» على أنها اختيار التماهي مع المجموعات التي نشعر بقرابة معها. بالنسبة للمهاجرين غالبًا ما ينطوي تحديد الهوية على الاعتراف بأنه في مجتمعهم الجديد (كما هو الحال في معظم الأماكن حول العالم) يمكن أن يكون لما تسميه نفسك ومن ترتبط به تأثيرًا كبيراً على كيفية معاملة الآخرين لك. وهذا لا يشمل فقط "تعلم قواعد اللعبة" (التثاقف) ولكن أيضًا فهم أن القواعد تنطبق بشكل مختلف بحسب هويتك".

يعتبر فهم القوة الاجتماعية التي تمارسها المجموعات المختلفة في المجتمع الأكبر جزءًا من عملية صنع القرار لدى المهاجرين وغالبًا ما يوجه الخيارات التي يتخذها الناس. أساسًا نظرية الهوية الاجتماعية.[32]

يلاحظ أن الناس لديهم طريقتان أساسيتان لتحسين وضعهم إذا كانوا على سبيل المثال أعضاء في مجموعة ضعيفة الطاقة / قليلة الموارد نسبيًا. يمكنهم إما محاولة الانضمام إلى مجموعة ذات قوة أكبر أو إيجاد طرق لزيادة قوة مجموعتهم. قد يجعل النمط الظاهري (على سبيل المثال لون الجلد) والعرق واللغة واللهجات والدين (على سبيل المثال تلك التي تتطلب ملابس مميزة) وعوامل أخرى من الصعب على الناس قبولهم في مجموعة مهيمنة عالية القوة (أساس المرور). هذا يترك الجهود لزيادة قوة مجموعة الفرد كخيار متبقي. تاريخياً فعل الناس ذلك من خلال تجربة مجموعة واسعة من الاستراتيجيات. وقد اشتملت هذه على الدعوة من خلال وسائل التواصل الاجتماعي والأشكال الفنية مثل الموسيقى والسينما والمناصرة السياسية الاحتجاجات والمسيرات وحتى العنف وهو ما لا نؤيده. ليس من المستغرب أن يمنع التمييز الناس من اكتساب القوة الاجتماعية والمكانة.

التمييز

تعرف الجمعية الأمريكية لعلم النفس (APA) التمييز بأنه معاملة غير عادلة أو ضارة للأشخاص والجماعات بناءً على خصائص مثل العرق أو الجنس أو العمر أو التوجه الجنسي. من منظور نفسي يعتبر التمييز قضية من قضايا الصحة العامة. وفقًا لمسح العناء في أمريكا لعام 2015 فإن الناس الذين يشعرون بالتمييز ضدهم يصفون مستويات التوتر لديهم بأنها أعلى بشكل عام من أولئك الذين ليس لديهم مثل هذه التجارب. يمكن أن تكون العواقب مشاكل صحية جسدية وعقلية بما في ذلك القلق والاكتئاب والسمنة وارتفاع ضغط الدم وتعاطي المخدرات و يمكن أن يتأثر الناس سلبًا حتى لو لم يواجهوا التمييز شخصيًا. مجرد كونك جزءًا من مجموعة تعاني من التمييز يمكن أن يسبب التوتر والقلق (APA.org أنشئت بتاريخ 31 أكتوبر 2019). علاوة على ذلك فإن توقع التمييز يخلق ضغوطًا مزمنة خاصة به. قد يتجنب الناس المواقف التي يتوقعون فيها معاملتهم بشكل سيء وربما يفقدون فرص التعليم والعمل.

كيف يبدو التمييز بين المهاجرين؟ تُظهر إحصاءات الاتحاد الأوروبي أن نسبة 31% من السكان المهاجرين من شمال إفريقيا و 26% من المهاجرين الغجر و 24% من أفارقة جنوب الصحراء المهاجرين قد أبلغوا عن معظم الحوادث بسبب أصولهم العرقية أو العرقية. و يميل الجيل الثاني من المهاجرين إلى الإبلاغ عن المزيد من حوادث التمييز ربما لأنهم أكثر ثقافةً وبالتالي أكثر قدرة على تحديد مثل هذه الحوادث على حقيقتها عند وقوعها. حيث أفاد العديد و بنسبة 71% من الضحايا أنهم لا يعرفون إلى من يلجؤون للمساعدة .[35]

أظهر إحصاء في المملكة المتحدة كذلك أن التمييز يحدث بشكل شائع في مجالات الرعاية الصحية بنسبة 59% و التوظيف أو مكان العمل بنسبة 50% والإسكان بنسبة 36%. تستند معظم أعمال التمييز الشائعة إحصائيًا إلى لون البشرة والأسماء "التي تبدو أجنبية". هذه الظروف مؤلمة شخصيًا. لكنها أيضًا تقوض الإحساس المحتمل بالارتباط الذي يشعر به المهاجرون ببلدهم الجديد ومستوى من الثقة التي لديهم في مؤسسات ذلك البلد[35].

إليك مثال آخر: يوجد في الولايات المتحدة ما يقرب من 41 مليون لاتيني حوالي نصفهم مهاجرون و 23% آخرون هم من الأطفال البالغين المولودين في الولايات المتحدة لأبوين مهاجرين. في هذه المجموعات أفاد 38% من البالغين

أنهم تعرضوا شخصيًا للتمييز خلال العام السابق .تضمنت الحوادث انتقادهم للتحدث باللغة الإسبانية في الأماكن العامة وإخبارهم بالعودة إلى وطنهم وتلقيهم أسماء مسيئة.

في بعض الأحيان تكفي الحقيقة الأساسية المتمثلة في اعتبار الناس" أجانب لإثارة التمييز". غالبًا ما تشير هذه التسمية في الولايات المتحدة إلى المهاجرين من المكسيك أو الصين أو الفلبين .في المملكة المتحدة يشير عادةً إلى أشخاص من الهند وباكستان وبولندا وأيرلندا. أظهرت بعض الأبحاث أن هناك تحيزًا "تجاه الأجانب" بغض النظر عن المكان الذي أتوا منه .قد يكون الدافع وراء ذلك مخاوف من حصولهم على وظائف واستخدام الخدمات الاجتماعية على حساب المواطنين المولودين في البلاد .أظهرت دراسات أخرى أن الناس يعبرون عن مواقف أكثر سلبية تجاه الأجانب الذين يختلفون ثقافيًا عن السكان الأصليين لأنهم يشكلون تهديدات ثقافية.

ويمكن أن تحدث تحيزات ضد الوافدين الجدد و/أو أولئك الأقل تأقلماً حتى داخل نفس المجموعة الإثنية. على سبيل المثال في بعض بيئات احتجاز الأحداث ينظر المراهقون المكسيكيون الأمريكيون الذين يتحدثون الإنجليزية قليلاً أو لا يتحدثون الإنجليزية إلى الأسفل وأحياناً يتعرضون للمضايقة من قبل أقرانهم المكسيكيين الأمريكيين الأكثر تأقلماً.

ليست كل الإحصائيات موجودة .في الولايات المتحدة قال ما يقرب من 30% من اللاتينيين إن هناك من أعرب عن دعمهم لهم بسبب خلفيتهم اللاتينية[36].

عندما يكون الناس من جميع مناحي الحياة متكاتفين فإن ذلك يحدث فرقًا كبيرًا .هذا لا يقتصر على ولكن يشمل بالتأكيد الحماية القانونية. في البلدان المتقدمة توجد بعض القوانين المصممة لحماية الناس من التمييز.في الولايات المتحدة على سبيل المثال يحظر قانون الإسكان العادل[37] التمييز في بيع المساكن واستئجارها وتمويلها على أساس العرق واللون والأصل القومي والدين والجنس والوضع العائلي[38] والإعاقة[39]. ويحظر قانون الحقوق المدنية وقانون منع التمييز على أساس السن في التوظيف وقانون ذوي الإعاقة الأمريكي ضد التمييز في التوظيف على أساس العرق واللون والجنس والأصل العرقي والعمر والإعاقات. في حين أن هذه القوانينمهمة فهي ليست القصة الكاملة .و من الصعب إثبات بعض الانتهاكات في المحكمة .و كما هو موضح لاحقًا يصعب

التعرف على الباقين.

بعض التمييز واضح بشكل صارخ. لكن الخبراء يقولون إن هناك أيضا أمثلة أصغر على التحيزات اليومية. وقد يكون تلقي خدمات سيئة في المتاجر أو المطاعم أو التعامل مع عدم المجاملة والاحترام أو معاملته على أنه أقل ذكاء أو أقل جدارة بالثقة أكثر شيوعاً من التمييز «الواضح». في بعض الأحيان يطلق على هذه الأفعال «الاعتداءات الدقيقة» هي أكثر دهاء. ولكنها يمكن أن تكون ضارة للصحة والرفاه بقدر ما هي أفعال أكثر اتّهارًا. غالبًا ما يشعر الناس الذين يعانون من التمييز اليومي بأنهم في حالة التيقظ المستمر. التذي يمكن أن يولد عناء مزمن.[41]

كلمة عن «مفهوم التمييز»

إذا قرأت الأدب حول موضوع التمييز يمكنك استعراض فهم مصطلح «التمييز». وفي هذا السياق لا يقصد من عبارة «مفهوم» أن تعني أن تجارب الناس في التمييز والعنصرية غير صحيحة. وفي كثير من الأحيان تكون التصورات حول التمييز صحيحة. وإذا كان هناك أي شيء فإن التمييز قد لا يكون مباشراً بل يمكن أن يجد تعبيراً أكثر دهاءً مثل استبعاده من السكن أو الوظائف على أساس العرق أو نوع الجنس أو التوجه الجنسي إلخ. ولكن مصطلح «مفهوم» يستخدم أحياناً في البحوث لأن التصورات أو الوعي بالتمييز هو الذي يميل إلى دفع المواقف والاستراتيجيات السلوكية.

قصصنا الخاصة:

في كتابة هذه الفصول نستخدم معرفتنا المهنية لجعل ما نشعر به نقاطاً هامة. ولكن بعد أن «مشينا المشوار» تستنير مناقشتنا أيضا بتجاربنا الشخصية

التثاقف والهوية: قصة شخصية (واكيم أوف. ريمان)

ان الانتقال من ألمانيا إلى الولايات المتحدة (سان دييغو كاليفورنيا) في سن العاشرة عام 1960 كان مغامرة. كان أصدقائي في الوطن غيورين بعد كل

ذلك كانت أمريكا أرض الفرص والأسطورة. حدثت أشياء مهمة في الولايات المتحدة التي كانت الأكثر شيوعًا تصورها أفق نيويورك. والأهم من ذلك كانت أمريكا المكان الذي صنعوا فيه سيارات كبيرة جداً ذات زعانف.

ولكن كان معظم تعرضي للغة الإنجليزية هو صف يدعى "ريلجمنيسيوم" في مدرسة ثانوية ألمانية تعد الطلاب لدخول الجامعة. هناك تعلمت كلمة "ساتشل" او "حقيبة" وتم تصنيفي جزئيًا من خلال قدرتي على محاكاة لهجة بريطانية قوية. وغني عن القول ان تعلم اللغة الإنجليزية كان تحديا وكتب الدكتور سوس المدرسية لم تخفف ذلك التحدي. الا فقط للآن "القط في القبعة - كات ان ذا هات" أو "السلحفاة يرتل" ساعدتني.

واحدة من أكثر النصائح التي لا تنسى هو ما يجب فعله بشأن اسمي. الناس في الولايات المتحدة لا يمكنهم نطق الصوت «واكيم». اتضح أن هناك ما يعادلها في الاسبانية «خواكيم» و لا شيء يماثله في اللغة الإنجليزية. و الاسوأ من ذلك حسب التقاليد العائلية لدي أربعة أسماء – واكيم أوسكار فرديناند ريمان. الاسمان الأوسطان هما اسمان لاجدادي و كان ذلك كثيراً حتى الان، لذا كان هناك خيار يجب القيام به. يمكن أن أكون «اكيم» أو «جو» ولكن كلا الخيارين جاء مع الأمتعة. « اكيم» هو اسم شخصية في كتاب فكاهي في أوروبا و بقدر ما قد أجد الكوميديا مثيرة للاهتمام فهذا ليس شيء أردت أن ارتبط به و في الوقت نفسه كان «جو» اسمًا شائعًا في الاغاني خلال تلك الفترة مثال اغنية «هاي سيرفر جو». و بالنظر إلى أنني كنت في جنوب كاليفورنيا فقد تفوق اسم «جو» في النهاية على انه اسمي البديل.

وعلى هذا النحو كان استخدام اسم «جو» هوالترتيب الخاص بي للتثاقف كمهاجر و في الوقت نفسه ظلت هويتي وما زالت ألمانية إلى حد كبير. أظن أن معظم الناس يرونني ألمانيًا أمريكيًا, باستثناء الناس في ألمانيا الذين يعتبرونني أمريكيًا. لذلك وبينما ما زلت أستخدم اسم «جو» بشكل روتيني لتسهيل الأمور على. الناس فإن المستندات الرسمية الخاصة بي بما في ذلك جواز سفري والمنشورات العلمية وهذا الكتاب تحمل اسمي الكامل والحقيقي مكتمل بالأحرف الأولى من الأحرف الوسطى. أنا فخور بكوني مواطنًا أمريكيًا. لكن تراثي الألماني مهم أيًضا .

هل واجهت التمييز المقصود؟ أنا أشك في ذلك. لكنني واجهت الجهل بين

زملائي ونظام تعليمي لم يكن مستعدًا للاستجابة لظروفي بطرق فعالة. في وقت مبكر سألني زملائي الطلاب على سبيل المثال إذا كنت أعرف خروتشوف (زعيم الاتحاد السوفيتي في ذلك الوقت). عند التفكير لاحقًا كان هذا سؤالاً محيراً بالنسبة لي.. العديد من يبدو أنني بصفتي ألمانيًا يجب أن يُنظر إلي كواحد من الأشرار في البرامج التلفزيونية في ذلك الوقت مثل «*باترول رات*» و «*كومبات*» ولا يبذل أي جهد للتمييز بين النازيين وجميع الألمان. وكان خروتشوف رجلاً سيئًا بتظرهم ... وعلى هذا النحو من المفترض أننا جميعًا نتسكع معًا. إلى جانب ذلك في نهاية الصف الخامس أخذ الفصل بأكمله الاختبارات المعيارية. بما أنني لم أتقن اللغة الإنجليزية بعد. فقد ضعت. نتيجة لذلك وضعت في فصول دراسية سهلة بشكل ملحوظ. و حتى بعد عودتي من عرض مفتوح في الصف السابع، سألني والداي بعض الأسئلة الموجهة باعتبارهم متعلمين تعليماً عالياً، لقد شعروا بالذعر لأن ابنهم قد وُضع في فصول المتخلفين. عندها انتهى تعليمي السهل مع المتخلفين (باستخدام مصطلح ذلك الوقت) في المدرسة. لقد أعدت أخذ جميع الفصول الدراسية خلال الصيف وانتهى بي الأمر أخيراً في دورات متقدمة (بما في ذلك اللغة الإنجليزية).

على الرغم من أن عملية التثاقف (التأقلم) كانت تنطوي على تحديات إلا أنها كانت بسيطة نسبيًا مقارنة بالظروف التي يواجهها الناس غير البيض وغير الأوروبيين والأقل تعليما. لأكثر من 15 عا ما. تضمنت ممارستي السريرية العمل مع . الناس الذين فروا من الصومال وغيرها من المناطق التي مزقتها الحرب. غالبًا ما كان على هؤلاء اللاجئين أن يتعاملوا مع الأحداث الصادمة التي مروا بها في أوطانهم, وفترات طويلة من عدم اليقين, والحياة في ظروف غير صحية وفقيرة (مثل مخيمات اللاجئين المكتظة), والمخاوف بشأن وضع وسلامة . الناس الذين تركوا وراءهم ومشاكل التكيف مع دول جديدة. وليس من المستغرب أن يحمل بعض هؤلاء النازحين ندوباً جسدية ونفسية. الفصل التالي يناقش هذه العوامل بمزيد من التفصيل .

التثاقف (التأقلم) والهوية العرقية: قصة شخصية (دلورس ردريغس ريمان)

يتضمن جزء منتظم من عملي بصفتي طبيبة نفسانية تقديم منظور متغير وسياق يمنح المرضى نظارة لرؤية الأشياء بشكل مختلف. ويساعد ذلك في التراحم والتسامح ثم الشفاء. لذلك فإن الكثير من عملي تربوي نفسي. في أي وقت من الأوقات و ما يقرب من 45 إلى 70 بالمائة (45% - 70%) من مرضاي هم من المهاجرين. لذلك. غالبًا «الهوية العرقية» و ما أستغرق الوقت اللازم لمناقشة معنى كلمات مثل «التثاقف» و «التمييز». يساعد هذا المرضى على فهم تجاربهم الخاصة بشكل أفضل من خلال منحهم لغة لمناقشة الأمر ومشاهدته. أخبرني العديد من مرضاي أن وجود «علامة»، شيء يمكن تسميته»، يساعدهم على اكتساب المزيد من الإحساس بالسيطرة على المشكلات التي تسبب لهم الكرب. في هذه العملية أبذل جهدًا للإشارة إلى أن المعاناة من الكرب هي تأكيد على عدم وجود «خطأ» معهم لأن ما يمرون به غالبًا ما يكون صعبًا ومؤل . أسمع نفسي بشكل منتظم أقول «... تعلم التثاقف (التأقلم) - تعلم ما القواعد الجديدة ومعرفة من أنت ومن أين أتيت ومن تريد أن تكون قد يكون ا عملية صعبة». أتعرف عليهم وأخبرهم من البداية - تجربة التعرض للتمييز حقً ... ».

فيما يتعلق بتجربتي الشخصية كمهاجرة اسمحوا لي أن أبدأ بالعودة لهويتي الحالية. من أنا وكيف وصلت إلى هنا؟ أنا أعتبر نفسي مكسيكية أمريكية لاتينية حاصلة على درجة الدكتوراه وأخصائية نفسية إكلينيكية وزوجة وابنة وأخت وخالة مفضلة لدى أبناء إخوتي وأبناء إخوتي. لقد أنعم الله علي أن يطلق علي كصديق وزميل ومعلم من قبل الكثيرين. ولكن الأمر الأكثر أهمية بالنسبة لهويتي هو أنني معالج بمزاولة إكلينيكية متنوعة. يشرفني أن يكون لدي أشخاص من مختلف مناحي الحياة يشيرون إلي باسم «دكتور» «طبيب باللغة الإسبانية» أو «دكتور». هؤلاء هم. الناس الذين يثقون بي للانضمام إليهم في رحلاتهم نحو الشفاء والتعافي. أحاول كتابة كل ذلك على اعلان في مؤتمر! كثيرا ما أقول للمرضى إنني مثلهم «متثاقفة». منذ أن هاجرت إلى الولايات المتحدة عندما كنت مراهقة . وتمكنت من الحصول على درجة الدكتوراه في علم النفس العيادي

ودرجتا ماجستير (واحدة في علم النفس الإرشادي وواحدة في علم النفس العيادي) ودرجة بكالوريوس و الزمالة في الفنون الحرة. بصفتي مهاجرة إلى هذا البلد في الخامسة عشرة من العمر كان علي أن أتعلم «القواعد الجديدة» للعبة (وصفي المختصر للتثاقف). التعليم والعمل في حياتي من المجالات التي تجسد عملية التثاقف «التأقلم» «والاختيارات» التي اتخذتها لحياتي. حيث أرى نفسي كما تسميه أدبيات البحث في علم النفس الثقافي ثقافتين مندمجتين للغاية مما يعني أنه يمكنني التنقل بسهولة بين اللغة/ التقاليد/العادات المكسيكية والمجتمع الأنجلو الأكبر. أشير إلى نفسي على أني أمريكية مكسيكية وهي الهوية التي طورتها خلال نشأتي في بلدة صغيرة تسمى «إيجل باس» على حدود تكساس والمكسيك. أشير إلى نفسي أيضا باسم لاتينا لأنني عشت في جنوب كاليفورنيا خلال الثلاثين عاماً الماضية من حياتي. بصفتي مكسيكية أمريكية من أصل لاتيني متثاقفة / ثنائية الثقافة أشاهد التلفزيون في الغالب وأحصل على أخباري اليومية باللغة الإنجليزية. لكن اختياراتي الموسيقية مجموعة من خوان جابرييل وأنطونيو أغيلار إلى مادونا ورود ستيوارت وسلتيك وومن. ومع ذلك عندما يتعلق الأمر بالأدوار العائلية فقد وصفني المقربون مني بأنني «تقليدية جدًا» في زواجي من زوجي منذ ثلاثة وثلاثين عاما.

الأسئلة المهمة للاعتبار

غالبًا ما يتضمن عملنا المهني إجراء تقييمات الطب الشرعي. هذه التقييمات التي تعتمد جزئيًا على الاختبارات النفسية هي للإجراءات القانونية بما في ذلك جلسات الاستماع المتعلقة بالهجرة. نستخدم مقاييس نفسية - استبيانات - تخبرنا مواقع الناس في مخطط أبعاد نفسية محددة مثل الاكتئاب والقلق والتمييز المفهوم. في مخطط بياني كلما ارتفع الرقم فيه زادت أهمية التجربة أو الأعراض. أين تقع في هذا الرسم البياني؟ ما مقدار/القليل من الضغط النفسي والتمييز الذي واجهته شخصيًا؟

- إذا كنت مهاجرا فكر في تجربتك الخاصة. كيف مررت خلال عملية التثاقف؟
- ماذا عن تجربتك الخاصة مع العناء التراكمي؟
- ما الذي كان (أو هو) مرهقًا فيه بالنسبة لك؟
- فيما يتعلق بالهوية العرقية - كيف تعرف نفسك؟
- ما هو المهم بالنسبة لك في عملية تحديد الهوية؟

التوصيات: التعامل مع التميز

- إن إيجاد طرق صحية للتعامل مع التمييز أمر مهم لسلامة صحتك البدنية والعقلية. ركز على نقاط قوتك. يمكن أن تحفزك قيمك ومعتقداتك ونقاط القوة الأساسية لديك على النجاح وربما تحتفظ ببعض الآثار السلبية للتحيز. كما أن التغلب على المصاعب يمكن أن يجعل الناس أكثر قدرة على الصمود والقدرة على مواجهة التحديات في المستقبل.
- ابحث عن دعم الأنظمة. فهناك قوة وراحة في الجماعات. كالأنظمة العائلية وهي مصدر قوة للكثيرين منا. ولكن يمكن للجماعات كما أظهرت حركة الحقوق المدنية الأميركية أن تدفع لانجاح التغيير الاجتماعي والسياسي مع مرور الوقت حتى لو جاء ببطء. واعلم أن ليس كل من يدعي أنه صديقك موجود لمساعدتك ودعمك. فإذا دعا للعنف أو الى تجريد الآخرين من إنسانيتهم أو ادعى بأن مجموعتك أفضل من الآخرين فأعرض عنه وامشّي في الاتجاه الآخر.
- لا تصدق المقولات السلبية فالبعض منا «يتأثرون» بما يسمعون من رسائل مهينة. أو يصدقونها بعبارة أخرى وأن ما يقال عنك مرارا وتكرارا من شيئ سلبي انه صحيح. وان كان من الجيد بالتأكيد أن تكون منفتحًا على النقد البناء وأن تقيم نفسك وفقًا لذلك. ولكن القوالب النمطية السلبية القائمة على الانتماء العرقي والإثني للمجموعة والانتماء الديني والأصول القومية والتوجه الجنسي وغيره من التركيبات السكانية تضر. فهي تسهل الفقر والكراهية والعنف و التمييز في العمل و السكن والمعاناة النفسية.

موارد التثاقف

يوجد عدد من الكتب الشعبية التي تتضمن قصصًا وحكايات ذات صلة بالتثاقف. ولا تستخدم بالضرورة لغة أكاديمية ولكن تقدم أحيانًا لمحات فكاهية عن الحياة الثقافية اليومية للناس والخبرات. بعضها خيالي و بعضها عبارة عن حسابات حقيقية. بدايةً تحقق من مؤلفين مثل هوزيه أنطونيو بورسيغا José Antonio Burciaga و رودولفو أنايا Anaya Rudolfo و ألان كراتز Alan Gratz, ونكش شوكلا Nikesh Shukla.

الطريقة المنظمة نحو الاندماج الناجح

سنناقش لاحقًا في هذا الكتاب عملنا الأخير مع مجموعة اندماج المهاجرين «Group for Immigrant Integration GIRA». هذا يقدم نموذجًا للعوامل الأساسية المؤدية إلى اندماج ناجح. و يطور في الأساس طريقة لقياس هذه العوامل من خلال مقياس يسمى «الجرد الناجح لإعادة توطين المهاجر».

4
العوامل النفسية الاجتماعية

و على غرار السكان الآخرين يمكن أن يعاني المهاجرون من مجموعة واسعة من الاضطرابات بما في ذلك الاضطرابات النفسية والاضطرابات النفسية وصعوبات التعلم والاضطرابات المرتبطة بالمادة وغيرها من المشاكل. وقد تعرض بعض المهاجرين ولا سيما أولئك الذين خضعوا للتهجير القسري ولاضطرابات نفسية ناجمة عن الصدمات بسبب الحرب والتعذيب والاعتداء الجنسي بالإكراه والتمييز والعنف في شكل سطو وسرقة ومجموعة من الأحداث الأخرى. يعرّض الوضع القانوني للمهاجرين غير الشرعيين لخطر خاص؛ وهم مستهدفون في كثير من الأحيان لأن الجناة يتوقعون ألا تكون هناك أي تداعيات. فعلى سبيل المثال أشار تقرير «واشنطن إكزامينر» الصادر في 21 آب/أغسطس 2018 إلى 2200 حالة وفاة و180 ألف حالة اغتصاب والإكراه على ممارسة الجنس و81 ألف حالة أجبروا على تهريب المخدرات و27 ألف حالة تهريب إنسان خلال عام واحد [42]. وهذه فقط القضايا التي نعرف عنها.

وفي حالات أخرى تم تجنيد الأطفال المختطفين في المناطق التي مزقتها الحرب أو التي تمزقها العصابات ليصبحوا لتجنيدهم وقد انطوى ذلك على تخدير الأطفال لأضعاف مناعتهم ضد القتل والتلقين المكثف، وقتل بعضهم كتحذير للآخرين. ولا تظهر أي علامات على تناقص هذه الحوادث. على سبيل المثال أكدت اليونيسيف في عام 2016 وحده وجود 851 حالة على نطاق العالم تتعلق بتجنيد الأطفال. وكان هذا ضعف عدد الأطفال الذين تم تجنيدهم في العام السابق. وكانت البلدان البارزة هي بلدان الشرق الأوسط وأفريقيا وأمريكا الوسطى. [43]

وليس من المستغرب أن تستمر آثار للعنف والصراع على الصحة العقلية بين اللاجئين لآجال طويلة وبمستويات عالية من الشدة والمعاناة وهذا مثال نموذجي شامل من عيادتنا:

وصل مهاجر من أصل صومالي في منتصف العمر بواسطة أقاربه. وهو يمكن أن يكون رجلاً أو امرأة لكن لأغراض مثالنا لنقل أنها امرأة. إنها منطوية جداً على نفسها ولا تتكلم ووصفها أقاربها أنها على هذا النحو في الوطن أيضا. وأنهم عندما كانوا يعيشون في الصومال بعد الإطاحة بنظام الحكم في السلطة مباشرة خلال الحرب الأهلية عام 1991 هوجموا في وطن العائلة. وقد ادى تغيير النظام الى قيام بعض الجمعيات العشائرية بالهجوم وانتشر الخروج العام على القانون في جميع أنحاء المنطقة. وقد اقتحم المهاجمون وطنهم وطالبوا بالمال وقتلوا عددا من الأقارب واغتصبوا بعض النساء وضربوا هذه السيدة التي جلبت إلى عيادتنا على رأسها بعقب بندقية ففقدت الوعي لفترة غير محددة من الوقت. ثم غادر المهاجمون لكنهم هددوا بالعودة. وأخذوا معهم أفرادا من الأسرة (وتكهن من بقي من الاسرة بأن هذا ما حدث ولكنهم لم يكونوا متأكدين تماما). وعلى أية حال لا يزال مكان بعض أفراد الأسرة مجهولاً.

ولم تتوفر لهم أي خدمات طبية. وهكذا وبمجرد أن تعافت الأسرة بما بالسفر غادروا الصومال وفروا إلى مخيم للاجئين في كينيا. وهناك واجهوا ظروفاً بالكاد على مستوى الكفاف وتعرضوا للابتزاز من قبل السكان المحليين ولحسن الحظ فقد تلقوا رعاية طبية بدائية. وبعد سنوات عديدة في المخيم تم إعلانهم لاجئين وأرسلوا إلى الولايات المتحدة حيث لم يكونوا يعرفون اللغة المحلية (الإنجليزية) أو العادات أو إلى أين يذهبون للحصول على الخدمات.

وليس من المستغرب بالنظر إلى هذه التجارب أن يعاني بعض المهاجرين من اضطرابات عقلية وأن يحتاجوا للمعالجة. وهذا الفصل سيستكشف هذه المسائل من خلال سياق المشاكل المشتركة إلى حد ما واحتياجات المعالجة والممارسات الثقافية وشواغل المهاجرين بشأن الحصول على العلاج وسبل

التغلب على هذه المخاوف. وكذلك معرفة ما هو «ثقافي» وما هو علم أمراض نفسية وما يندرج تحت فئة السمات الشخصية يمكن أن يكون تحديا صعباً. في وقت لاحق من هذا الفصل نقدم مثالا على حالة من التعقيدات المعنية.

الصعوبات النفسية الشائعة

لقد أظهرت الأبحاث أن التعرض للصدمات المرتبطة بالهجرة يمثل مشكلة كبيرة بين المهاجرين. فقد وجدت إحدى الدراسات على سبيل المثال أن 29 في المائة من المراهقين و34 في المائة من الآباء المولودين في الخارج الذين تم أخذ عينات منهم قد عانوا من صدمة نفسية في عملية الهجرة. ومن بين هؤلاء أظهر 9% من المراهقين و21% من والديهم خطر إصابتهم باضطراب ما بعد الصدمة (PTSD) وإن الانتقال من العوز ودخول الولايات المتحدة بشكل غير قانوني ومعاناة التمييز فيها والبيئات غير الآمنة كل ذلك زاد من هذا الخطر. وقلّل الدعم الاجتماعي والتقارب الأسري [44].

وقد وجدت أنماط مماثلة في أجزاء أخرى من العالم. فقد وجدت دراسة ألمانية على سبيل المثال أن الذكور ذوي «خلفية هجرة» هم أكثر عرضة من السكان المحليين للمعاناة من اضطراب ما بعد الصدمة والاكتئاب [45]. وقد تم العثور على نتائج مماثلة عبر دراسات أخرى متعددة في أوروبا والولايات المتحدة وأجزاء أخرى من العالم[46].

وفي حين يميل المهاجرون ككل إلى أن يملكوا الحيلة والمرونة فإن وضعية الهجرة والتكيف يمكن أن تسبب خسائر نفسية. وينطبق هذا بشكل خاص على الناس الذين تعرضوا بالفعل لأحداث مؤلمة مثل الاعتداء والاضطهاد والتعذيب في بلدهم الأصلي. على سبيل المثال وجدت أبحاثنا مع أشخاص من الشرق الأوسط وشرق أفريقيا أن الشكاوى الشائعة بين البالغين شملت العجز ومشاكل التركيز والعصبية والصعوبات في التعبير عن المشاعر والأفكار التداخلية حول الصدمات السابقة. وليس من المستغرب أن أولئك الذين عانوا من الاضطهاد في بلدهم الأصلي بالإضافة إلى التمييز في الولايات المتحدة وصفوا صعوبات أكثر عدداً وشدة.

كانت المشاكل الشائعة بين المراهقين هي العصبية والإحباط والشعور بالاكتئاب والغضب. وهذا يتفق مع البحوث الأخرى. فعلى سبيل المثال أظهرت الملاحظات حول الأطفال اللاجئين السوريين أن استمرار انعدام الأمن يزيد من حدة المعاناة ويديمها. وبدون مشاعر الاستقرار والأمن لا يستطيع الأطفال المصدومون في كثير من الأحيان أن يتصالحوا مع الأحداث التي شهدوها. وقد قدرت بعض الدراسات أن معدل اضطراب ما بعد الصدمة في مثل هؤلاء الأطفال يصل إلى 76 في المئة [47].

وهناك فئة أخرى شديدة الخطورة هي اللاجئات من النساء والفتيات. فأولئك الذين يفرون من بلدانهم هرباً من الصدمات النفسية كثيراً ما يواجهون العنف الجنسي والاسترقاق. وغالباً ما يكون الاغتصاب بما في ذلك الاغتصاب الجماعي للنساء والفتيات الصغيرات أثناء الحرب استراتيجية لإخضاع المجتمعات وإذلالها وإضعاف معنوياتها. الرسالة هي: أرسل أو هذا سيحدث لك أو لأحبائك أيضا [47،48].

وهذا يقودنا إلى أن نكون واضحين حول كيفية تعريف بعض الاضطرابات العقلية ذات الصلة. ما هو بالضبط اضطراب ما بعد الصدمة PTSD؟ ماذا عن القلق والاكتئاب؟ ما هي الأشياء الأخرى التي نحتاج إلى التفكير فيها في هذا السياق؟ منذ سبق أن ذكرنا اضطراب ما بعد الصدمة قليلا جدا أعلاه دعونا نبدأ مع ذلك. ولكننا بحاجة إلى أن نقول مقدما أن هذه الأوصاف لا يقصد بها أن تكون شاملة. إذا كنت تشعر بأن لديك الأعراض الموصوفة لا تفترض أنك تعاني من الاضطراب تلقائيًا. بدلا من ذلك انتقل إلى المهنية الذين يمكن مراجعة الصعوبات معك.

اضطراب العناء بعد الصدمة (PTSD)

يستخدم اصطلاح «اضطراب ما بعد الصدمة PTSD» لوصف الأعراض النفسية التي قد تظهر في . الناس الذين عانوا بشكل مباشر أو غير مباشر من صعوبات نفسية أو جسدية شديدة. ومن أمثلة الصدمات المحتملة تجارب القتال والحوادث الخطيرة والإصابات المرتبطة بالعمل وإساءة معاملة الأطفال أو المسنين والاغتصاب والاعتداء والإرهاب السياسي والاضطهاد والأمراض التي تهدد الحياة والكوارث الطبيعية [19,20].

كما هو موضح بشكل عام في الأدب تميل الميزات الرئيسية لـ PTSD إلى:

- استمرار واستعادة معاناة الصدمة من خلال الأحلام وأفكار اليقظة
- الذهول النفسي أو تجنب التجارب والعلاقات وخاصة إذا كانت مرتبطة بطريقة ما بالصدمة و
- أعراض مثل الغضب والقلق و / أو الاكتئاب وصعوبة النوم والمشاكل المعرفية مثل ضعف التركيز. إن اللوم المستمر والمشوه للذات أو الآخرين والسلوكيات المتهورة أو المدمرة شائعة إلى حد ما.

وليس من المستغرب أنه في حين أن «اضطراب ما بعد الصدمة PTSD» لم يدخل لغة التشخيص حتى حوالي عام 1980 و الصلات بين الصدمات والاضطرابات النفسية.

قد لوحظت تاريخياً في الماضي في العديد من الثقافات وقد وصفت الصدمة باصطلاح عصاب الإرهاب «schreckeneurose» وصدمة القصف «shell shock» وسخونة الجندي «soldier's heat» والتعب المعركة «battle fatigue» والعديد من التسميات الأخرى [49].

كما تم تميز الصلة بين الصدمات النفسية والصعوبات النفسية في العديد من الثقافات. في حين تختلف التجارب المحددة [50] هناك قواسم مشتركة بين اضطراب ما بعد الصدمة PTSD وما يسمى متلازمات مرتبطة بالثقافة التي لوحظت [51] (هينتون 2011). ومن الأمثلة على ذلك مفهوم سوستو في أمريكا اللاتينية (يُترجم عموماً على أنه فقدان الروح أو الخوف من الروح) والوصف الكمبودي لـ khyâlattacks (مترجمة على أنها هجمات الرياح) [52].

القلق

تعرف الجمعية الأمريكية لعلم النفس (APA) القلق بأنه «عاطفة تتميز بمشاعر التوتر والأفكار القلقة والتغيرات البدنية مثل زيادة ضغط الدم» [53]. حتى نقطة يمكن أن يكون القلق مفيدا. ويمكن أن يجعلنا أكثر يقظة للمخاطر المحتملة الحقيقية ومفتاح ردودنا على «القتال أو الفرار» حتى نتمكن من البقاء على قيد الحياة. ولكن عندما يشعر الشخص بالقلق بانتظام على مستوى لا تبرره

حالة فورية يمكن أن يصبح اضطرابًا عقليًا. في ظروف أكثر تطرفا قد يعاني الذين يعانون من نوبات الذعر التي تشمل زيادة معدل ضربات القلب والتعرق وصعوبة في التنفس وآلام في الصدر. هذه التجارب يمكن أن يشعر وكأنه نوبة قلبية مما يزيد من الشعور بالذعر.

وقد وصفت تسميات مختلفة في ثقافات مختلفة القلق من قبل. على سبيل المثال يشير الناس من بلدان أمريكا اللاتينية أحيانا إلى Ataque de nervios «هجوم الأعصاب». وهذا يشمل عادة أعراض مثل القلق الشديد والغضب والحزن والارتعاش والشعور بسخونة في الصدر [54].

الاكتئاب / الانتحار

الجميع يشعر بفترات من التعاسة والاكتئاب تقريبًا طوال حياتنا. ولكن بالنسبة لبعض الناس هذه الصعوبات هي أكثر على المدى الطويل وشدة ويمكن تصنيفها على أنها الاكتئاب. هذا هو اضطراب عقلي غالبا ما يتميز بالحزن والعزلة الاجتماعية ومشاكل النوم نوبات البكاء وفقدان الاهتمام في مختلف الأنشطة التي كانت ممتعة في الماضي وانخفاض الطاقة البدنية وانخفاض الثقة بالنفس والصعوبات في التركيز والتركيز فضلا عن مجموعة من الأعراض الأخرى. وفي ظروف أكثر شدة يمكن أن يؤدي إلى أفكار انتحارية وحتى اكتمال الانتحار. الاكتئاب يمكن أن يكون سببها عناء الوسط البيئي/ المشاكل الشخصية، الإدمان، العوامل البيولوجية/ الوراثية، المرض البدني الخطير، الآثار الجانبية للأدوية، وبعد الحمل. يمكن لبعض الحلقات أن تكون قصيرة وعابرة بينما تحدث أخرى مرارا وتكرارا.

وقد أظهرت الأبحاث نتائج متباينة عند النظر إلى معدلات الانتحار بين المهاجرين. وقد أظهرت بعض الدراسات انخفاض معدلات محاولات الانتحار بين المهاجرين بالمقارنة مع السكان الأصليين. وقد أظهر آخرون اتجاهاً معاكساً. ويبدو أن المهاجرين الأكثر عرضة لخطر محاولات الانتحار هم النساء الشابات من أصل جنوب آسيوي وأفريقي أسود ويواجهن حواجز لغوية ويقلقن بشأن الأسرة في الوطن وينفصلن عن الأسرة [55]. قد لا نعرف معدلات الانتحار الحقيقية بين مجموعات المهاجرين بسبب القيود المفروضة على الطريقة التي يتم بها تتبع السلوك الانتحاري أو عدم تتبعه في مجتمعات مختلفة.

اساءه استعمال المواد المخدرة

ولسوء الحظ يمثل تعاطي المخدرات مشكلة كبيرة في جميع أنحاء العالم. ووفقا لتقرير واحد لمكتب الأمم المتحدة المعني بالمخدرات والجريمة كان 264 مليون شخص يتعاطون مواد غير مشروعة في عام 2013 [56]. والإدمان يُعدّ من المشاكل الطبية والنفسية والاجتماعية العديدة مثل النشاط الإجرامي والإصابات البدنية والجنس بدون وقاية وانتقال مرض الإيدز وغيره من الأمراض الاتصال الجنسي وحوادث السيارات والانتحار ناهيك عن التبعية الذهنية و/ أو البدنية. وتشمل مواد المخدرات الإشكالية في الشوارع مثل الهيروين والميثامفيتامين والكوكايين و إل.إس دي ومجموعة من المواد الأخرى فضلا عن الأدوية الموصوفة مثل الأفيون والبنزوديازيبينات.

يعاني ثلاثة ملايين مواطن أمريكي و16 مليون شخص في جميع أنحاء العالم من اضطراب تعاطي المواد الأفيونية أو يعانون منه حاليًا «Opioid (OUD) use disorder» ويعتمد أكثر من 500000 شخص في الولايات المتحدة على الهيروين. يتم تشخيصه من خلال اثنين أو أكثر من المعايير الأحد عشر في فترة سنة زمنية [57].

ف الشخصية والاجتماعية والمالية لتعاطي المخدرات ضخمة. ويقدر المعهد الوطني الأميركي لتعاطي المخدرات في عام 2020 أن ثلاثة ملايين شخص من مواطني الولايات المتحدة و16 مليون شخص في جميع أنحاء العالم قد أو يعانون حاليا من اضطراب تعاطي المواد الأفيونية. [57] وبالإضافة إلى ذلك كان أكثر من 500 ألف في الولايات المتحدة يعتمدون على الهيروين كما ذكرت مراكز مكافحة الأمراض والوقاية منها أن أكثر من 81,000 حالة وفاة بسبب الجرعة الزائدة من المخدرات وقعت في الولايات المتحدة على مدى فترة 12 شهرًا تنتهي في مايو 2020 [58].

ونتيجة لذلك تنفق بلايين الدولارات على الرعاية الصحية وإنفاذ القانون وتضيع في الإنتاجية. وقد لوحظت أنماط مماثلة في أوروبا وفي جميع أنحاء العالم.

المهاجرون وإساءة استعمال المخدرات

وكما نلاحظ في جميع أنحاء هذا الكتاب فإن المهاجرين وخاصة اللاجئين غالباً ما يعانون من العناء النفسي والصدمات الجسدية. لذلك ليس من المستغرب أن يلجأ البعض إلى المواد المخدرة كمحاولة للتعامل مع هذه المشاكل [59]. ويمكن أن يشمل ذلك المواد التي يعرفونها من بلدهم الأصلي وكذلك تلك التي يتعلمون عنها في وطنهم الجديد. ومن الجدير بالذكر أن السكان المولودين في بلد لا يعرفون بالضرورة الأدوية التي تحظى بشعبية (ويساء استعمالها) في أجزاء أخرى من العالم.

على سبيل المثال يعد مضغ القات وهو شائعًا في إثيوبيا وعبرها في شرق أفريقيا. هذا المنشط هو نبات مزهر محلي يمكن أن يسبب الإثارة وفقدان الشهية والنشوة. صنفت منظمة الصحة العالمية (WHO) تعاطي القات كعقار ويمكن أن ينتج عنه الادمان. في حين أن هذه المادة غير قانونية بشكل عام في الدول الغربية وقانونية في بعض الدول حيث تستخدم بشكل شائع (على سبيل المثال جيبوتي كينيا وأوغندا وإثيوبيا والصومال واليمن) [60].

الكبتاغون (الفينثيلين) من المنشطات الاصطناعية الشائعة في سوريا. من المعروف ان المزعج بشكل خاص في كل من القات والكبتاغونوز هو أن بعض الجماعات المتمردة تستخدم هذه المواد لسد نفسها للمعركة. لقد وجدت الدراسات أن اضطرابات تعاطي المخدرات تميل إلى أن تكون أعلى بين السكان المولودين في البلد وأدنى بين جيل المهاجرين الأول [61,62]. يميل الجيل الثاني من المهاجرين إلى إساءة استخدام مادة المخدرات بمعدلات أعلى مقارنة بنظرائهم من الجيل الأول وينظر إلى هذا على أنه جزء من «مفارقة المهاجرين» التي يتواجد فيها الوافدون الجدد أكثر صحة لأنهم أكثر وقاية بسبب الأعراف الثقافية التي نشأوا عليها في بلدهم الأصلي (انظر المزيد من المعلومات حول موضوع هذه الظاهرة في الفصل 7).

تشير الإحصاءات كذلك إلى أن المهاجرين الوافدين حديثاً يميلون إلى تجنب تعاطي المخدرات في حين أن أولادهم أكثر عرضة لتعاطي المخدرات المشاكل ذات الصلة للتكيف مع بلدهم الجديد. وهذا يفترض بطبيعة الحال أن البلد الجديد عموماً لديه مشاكل أكبر في مجال المخدرات.

عوائق خدمات العلاج

يعاني كثير من ذوي المشاكل العاطفية والنفسية من التردد في طلب الرعاية. ويمكن أن يكون الدافع وراء ذلك هو المحرمات الاجتماعية والثقافية والدينية والمخاوف من توصيفهم «مجانين» ومن القيود الاقتصادية ونقص المعلومات عن الخدمات المتاحة وتجربة سيئة مع مقدمي الرعاية الصحية [63]. وتبين مراكز دراسات مكافحة الأمراض والوقاية منها أن اللاتينيين/اللاتينيين على سبيل المثال يعانون من مجموعة من العقبات الاجتماعية والاقتصادية التي تعترض الرعاية الصحية بسبب الدخل المحدود ونقص التأمين. كما تشير الرابطة الأمريكية للطب النفسي إلى أن واحد فقط من كل 20 من اللاتينيين الذين هم بحاجة إلى الصحة العقلية يلتمسون ذلك ويرجع ذلك جزئياً إلى الوصم والتمييز ونقص المعرفة وبالنسبة للكثيرين منهم نقص التأمين الصحي [64].

ليس من المستغرب أن أبحاثنا وجدت أن المهاجرين يريدون مقدمي الخدمات الذين يتعاملون معهم بلياقة واحترام ويشرحون الأشياء بطريقة يمكنهم فهمها. وبالإضافة إلى الاعتبارات المالية تشمل المشاكل التي تحد من الرعاية سوء المعاملة من قبل العيادات الطبية وموظفي مكتب الاستقبال[65].

التحديات: أنماط الشخصية والصفات

كما هو الحال في أي مجموعة أخرى محددة حتى المهاجرين من نفس البلد لديهم الكثير من التنوع داخل المجموعة. لا يمكننا تجميعها في فئة واحدة ومن ثم نفترض أننا تفهمها. قد يتشاركون بعض الصفات المشتركة. ولكن الاختلافات من فرد إلى فرد كبيرة جدا. في الفصلين الأخيرين ناقشنا العمليات النفسية الشائعة بين. الناس الذين يشاركون تجربة المهاجرين. إن الطريقة التي يتنقل بها الناس في هذه العملية تتضمن عوامل نفسية اجتماعية مثل الطبقة الاجتماعية والاقتصاد ومكان المنشأ والتعليم وما إلى ذلك. الاختلافات الفردية مثل الدرجة التي اخترنا أن نلتزم بمعايير ثقافتنا (أو لا) يمكن أن تنتج أيضا عن الاختلافات في الأسرة الأصلية وأساليب الشخصية الفردية.

ويكفي القول إنه لكي تكون فعالاً في العمل مع السكان المهاجرين يجب على مقدمي الرعاية الصحية والخدمات الاجتماعية أن يدركوا أوجه التشابه في

تجربة المهاجرين مع تعريف الاختلافات الفردية وكيفية تحديدها واحترامها في الوقت نفسه. هذا صحيح بشكل خاص عند النظر في أنماط الشخصية الفردية وأنواع. على سبيل المثال تسمح بعض الثقافات بمجموعة أوسع من التعبيرات النفسية في السلوكيات والحجم وما شابه ذلك. على سبيل المثال يعتمد الاتصال بالعين على النوع والجنس والعمر داخل مجموعة ثقافية. كما أن تمييز ما هو مقبول يمكن أن يختلف اختلافا كبيرا من ثقافة إلى أخرى.

ومع ذلك هناك أيضا أنماط شخصية دائمة يمكن أن تؤدي إلى مشاكل بغض النظر عمن أنت أو من أين أتيت. وهذا يقودنا إلى معالجة اضطرابات الشخصية. وتركز التشخيصات المحددة في هذا المجال على الصفات الطويلة الأجل مثل الانعزال وكره المجتمع والنرجسية والهوس والهستيرية والوسواس وغيرها من الصفات الإشكالية. هذه الاضطرابات تنطوي على مشاكل مع طرق اي فرد وعاداته لفترة طويلة في التعامل مع العالم وليس فقط الهجرة.

نمط الشخصية مقابل اضطرابها في السياق الثقافي

عندما نجري تقييمات الطب الشرعي مع السكان المهاجرين التي تشمل الاختبار النفسي ونحتاج لاتخاذ عناية خاصة في معالجة أي من الأنماط الشخصية التي يمكن أن تسبب مشاكل للفرد اعتمادا على الظروف الخاصة. على سبيل المثال الشخصية التي يبدو أنها تنطوي على ميول « هستيرية» يجب أن تُفهم في السياق الثقافي للفرد. ما هو النطاق المقبول ثقافيا للتعبير النفسي الذي اعتاد عليه الشخص؟ هل هناك قاعدة «للصوت العالي» حيث (المجتمع الغربي يعتبر كثرته) لا تعتبر درامية بشكل مفرط؟

وكثيرا ما يتعرض المهاجرون للتمييز لأن القوالب النمطية تجاه مجموعة معينة قد تكون أصولها في سلوكيات غير متناسبة يتم الإعلان عنها من عدد قليل. يمكن أن يكون لهذه عواقب دائمة للمجموعة بأكملها ويمكن أن تنطبق على التصورات التي يضعها اسكان البلد تجاه المهاجرين وكذلك وجهات نظر المهاجرين عنهم.

ونحن نكتب هذا الكتاب هناك الكثير من النقاش حول العنصرية المؤسسية في تنفيذ القانون في الولايات المتحدة. بعض الناس يقولون إن «عدد قليل من

رجال الشرطة السيئين» لا تمثل تطبيق القانون بشكل عام. ويقول آخرون إن حجم الانتهاكات التي ترتكبها الشرطة هو في حد ذاته دليل على وجود مشكلة نظامية. ونحن نشك في أن كلا السيناريوهين قد يكون صحيحا. كل الناس لديهم تحيزاتهم. ولكن هناك أيضاً أشخاص داخل مجتمعات معينة للمهاجرين يتصرفون بطرق تنعكس بشكل سيء على المجموعة بأكملها.

(دلورس ردريغس ريمان)

هنا مثال توضيحي. خلال هجرة «قافلة 2018-2019» عبر المكسيك أخبرني العديد من مرضاي الذين يعيشون في تيخوانا عن تصوراتهم وردود أفعالهم تجاه المهاجرين. بعض مرضاي كانوا متعاطفين وآخرون لم يكونوا كذلك. ومع ذلك كنت مستغربة أكثر من اختلاف تصورات العديد من مرضاي تجاه أولئك الذين في القافلة مع مرور الوقت بغض النظر عن آرائهم الأصلية.

ولاحظت أن الكثيرين شعروا بالتعاطف الأولي مع المهاجرين. ومع ذلك نمت المواقف المتوترة بمجرد أن بدأت المشاكل المرتبطة بنزول الآلاف من الناس على مجتمع محلي في الظهور. وفي حين أن «الخطة» كانت تقول إن المهاجرين من القافلة «يمرون فقط» عبر تيخوانا في طريقهم إلى الولايات المتحدة سرعان ما أدت التغييرات السياسية إلى واقع آخر. وسيبقى المهاجرون في تيخوانا «على المدى الطويل». ورأى مرضاي هذا السيناريو كمشكلة. وهناك أعداد كبيرة من الناس الذين لا موارد لهم يأتون إلى مدينتهم - تيخوانا مما سيخلق بلا شك استنزافا ماليا لنظم الخدمات الاجتماعية التي كانت غارقة بالفعل. العديد من مرضاي المتعاطفين في البداية «لم يقدروا الغرباء» القادمين إلى تيخوانا. ولكن مع مرور الوقت أصبح البعض معجباً بكيفية حيلة وابتكار العديد من المهاجرين الذين أصبحوا يتكيفون مع محيطهم الجديد. فجأة شعروا بالاحترام لـ «هؤلاء الناس». وباختصار تغير مفهومهم مرة أخرى.

ومع ذلك ومع كل الآراء المتذبذبة والمواقف وردود الفعل كان هناك شيء واحد يبدو أن جميع مرضاي قد اتفقوا عليه. وكانت لهم ردود فعل سلبية

قوية تجاه مهاجر معين اشتكى من الطعام الذي تلقته محلياً. كانت أم عزباء هندوراسية اكتسبت شهرة على وسائل التواصل الاجتماعي بعد أن أجرت معها محطة تلفزيونية محلية مقابلة. وفي المقابلة اشتكت السيدة من أنها وأسرتها كانوا يطعمون الفاصوليا والتورتيا في مأوى محلي للمهاجرين. وقالت إنها ساخطة إزاء مثل هذه المعاملة قائلة أساسا أن الطعام لم يكن فيه كفاية وليس جيد حتى لخنازير بلدها الأصلي. والعديد من السكان أعتبروها تهجم عميق وسرعان ما انتشرت المقابلة.

وفي كثير من الأحيان تعطي الفروق الثقافية المختلفة أوالقضايا الشخصية الفردية الفعلية التصور بأن المهاجرين يشعرون بأنهم «مستحقون» و«لا يقدرون» عندما يتم عرض المساعدة وتقديمها. ويبدو أن هذا هو الحال في هذه الحالة مما يمكن أن أفهمه وفقا للقصة والسيدة .التي وصلت إلى الولايات المتحدة ليتم القبض عليها وترحيلها لاحقاً على أنها ارتكبت اعتداءً مزعوماً. والبعض على الأقل كما بلغني من احد مرضاي قد يجرؤ حتى على اعتبارها مثل جميع المهاجرين «والضرر قد حصل لهم بسبب حالة واحدة سيئة وانتشر كوباء فيروسي...».

هل كانت السيدة المعنية تعاني من اضطراب في الشخصية؟ لا يمكننا القول لأنها لم تكن واحدة من مرضانا ولكن موقفها لم يساعد زملائها المهاجرين (وفي نهاية المطاف يبدو الأمر كما بدا).

أسئلة يجب مراعاتها

- هل عانيت من مشاكل القلق أو الاكتئاب؟
- هل كان عليك تحمل الصدمة؟ كيف تعاملت مع هذه القضايا؟
- هل استعملت او تستعمل المخدرات للتأقلم؟ أي منها؟ هل يخلق هذا مشكلة بالنسبة لك؟
- ما الذي ساعدك على التأقلم؟

التوصيات

إذا كنت في ضائقة نفسية لا تتردد في طلب المساعدة المهنية. استعن بمن هو مطلعًا على خلفيتك. كرجال دين وغيرهم من العاملين في المجتمع المحلي وأحياناً مقدمي الخدمات المحليين الذين تحبونهم وتثقون بهم.

5
الصحة

الصحة الجيدة هي العنصر الأساسي لحياة سعيدة وناجحة. ويواجه بعض المهاجرين صعوبات خاصة عندما يتعلق الأمر برعايتهم لصحتهم وعافيتهم. وتتأثر حالتهم البدنية بظروف البلد والنظام الغذائي وممارسات الرعاية المعيارية في بلدهم الأصلي. أيضا مع المهاجرين الذين يصلون مع القليل من الوسائل المادية أو معدومة هناك مسألة الحصول على الرعاية الصحية والمعلومات حول كيفية التراكم يمكن أن تؤثر على جهود الوقاية من الأمراض وعلاجها. يستكشف هذا الفصل بعض الديناميات التي ينطوي عليها. ويشمل ذلك ممارسات الشفاء التقليدية وتأثير التغيرات الغذائية في البلد الجديد. إن مناقشتنا ليست شاملة ولكنها تقدم أمثلة أساسية نأمل أن تثير اهتمام القراء لمعرفة المزيد. وكما هو الحال في بعض الفصول الأخرى نقدم بعد ذلك قصة عائلية لفرد في هذه الحالة تسلط الضوء على بعض النقاط التي قمنا بتغطيتها.

نحن بحاجة في كل هذا إلى فهم السياق العالمي حول الأمراض. والحدود الدولية لا تحد انتشار الفيروسات والبكتيريا. ومن ثم يتوقع أن تصبح الأوبئة أوبئة أكثر تواترا في المستقبل. وسيتطلب ذلك فهما دوليا لانتقال الأمراض وتنسيق الموارد لمكافحة الأمراض. فيما يلي بعض العوامل التي يجب أخذها في الاعتبار:

بيئات اللجوء بين الوطن (بلد المنشأ) والبلد المضيف

وكما هو الحال في العديد من المجالات الأخرى فإن قضايا الصحة والمعافاة محفوفة بالتحديات بالنسبة للكثيرين الذين أجبروا على مغادرة وطنهم. فاللاجئون السوريون على سبيل المثال يميلون إلى إظهار معدلات عالية بشكل

خاص من أمراض الجهاز التنفسي. وربما كان ذلك بسبب تعرضهم للمواد الكيميائية والغبار في الهجمات العسكرية في الوطن [66].

وبالإضافة إلى ذلك فإن البلد الذي في حالة حرب معه يفقد في كثير من الأحيان البنية التحتية اللازمة لعلاج الأمراض. فعلى سبيل المثال لا يتلقى الأطفال والشباب السوريون اللاجئون بالضرورة الرعاية الوقائية مثل اللقاحات مما يجعلهم عرضة لأمراض مثل الحصبة وشلل الأطفال. وتتفاقم المشاكل الصحية بسبب نقص الأغذية وبالتالي سوء التغذية والافتقار إلى السكن الآمن. وهذا مرة أخرى يجعل الأطفال والبالغين أكثر عرضة للأمراض والموت.

هذه الظروف ليست بالضرورة بسبب نقص المهارات أو التفاني بين مقدمي الرعاية الصحية. إنها مجرد نتيجة ثانوية للحرب. والواقع أن بعض الظروف مخطط لها ويقصد بها إضعاف معنويات السكان وإخضاعهم. ففي سوريا على سبيل المثال استهدفت بعض الأطراف المستشفيات على وجه التحديد وقتلت الأطباء. يقدر تقرير صادر عن مركز صوفان في عام 2017 أن القوات الحكومية السورية وحدها قتلت في ذلك الوقت ما يقرب من 700 من العاملين الطبيين في جميع أنحاء البلاد [47]. وفيما يتعلق بمجموعة «الأطباء المناصرون لحقوق الإنسان» فإن معدل عمليات القتل هذه قد تباطأ بحلول عام 2020 [67]. ولكن هذه الممارسة لم تتوقف تماما.

الممارسات الطبية بين بلد المنشأ والبلد المضيف

إن المثال السوري الموصوف أعلاه حدي. ولكن حتى الاختلافات الصغيرة نسبياً في مزاولة الرعاية الصحية بين البلدان يمكن أن تزرع البلبلة. نحن على سبيل المثال ندرك أن لقاح عصيات كالميت -غيرين (BCG) الذي يستخدم عادة خارج الولايات المتحده للوقاية من السل يمكن أن يسبب رد فعل إيجابي زائف لاختبار السل (حص الجلد) [67]. وهذا يمكن أن يسبب التباس وبالتالي يؤدي إلى تشخيص وعلاجات إضافية وغير ضرورية.

وقد يواجه المهاجرون أيضاً تحديات طبية أخرى. على سبيل المثال قد لا تكون الأدوية بما في ذلك الأدوية غير الموصوفة طبيًا والعلاجات التي يتناولها الناس بشكل روتيني في الوطن موجودة (أو قد لا تكون قانونية) في وطنهم الجديد.

على سبيل المثال يستخدم الروهيبنول (فلونيترازيبام) وهو دواء قوي بشكل خاص مضاد للقلق في أسرة ما يسمى البنزوديازيبينات (مثل زاناكس والفاليوم) في أجزاء من أوروبا واليابان وأستراليا وجنوب أفريقيا وأمريكا اللاتينية. ولكن لم تتم الموافقة عليه للاستخدام الطبي في الولايات المتحدة وله سمعة سيئة كمخدر شوارع و «وسيلة اغتصاب».

الانظمة الغذائية

تأثر الناس في البلدان التي عاشوا فيها على وجبات غذائية أساسية (كفاف) وفي بلدان الوجبات السريعة وغيرها من الأغذية الجاهزة والوفيرة بشكل كبير وهذا غالبا ما يكون سلبياً على ابدانهم. فحسب المبدأ النظري في علم وظائف الأعضاء يستخدم الطعام بطريقة تسمح لهم بتخزين المزيد من الدهون في الأوقات التي تكون فيها التغذية أكثر سهولة. وهذا يسمح للناس بالبقاء على قيد الحياة بشكل أفضل في أوقات ندرة الطعام. ولكن في المجتمعات الحديثة يكون الطعام أكثر وفرة والمجاعة نادرة والناس مستمرون في زيادة الوزن بشكل أكبر. وهذا بدوره يعرضهم لخطر أكبر للإصابة بمرض السكري من النوع 2 وأمراض القلب ومجموعة من الأمراض المزمنة الأخرى.

التثاقف (التأقلم) والصحة

هل يؤثر التثاقف (التأقلم) على الصحة؟ تشير بعض البحوث إلى أن التثاقف (التأقلم) يرتبط في بعض المجالات مثل تعاطي المخدرات والخاصية الوراثية بضعف الالتزام بالممارسات الصحية الفعالة. وفي مجالات أخرى مثل الحصول على الرعاية الصحية من المرجح أن يؤدي المزيد من التكاثّر إلى نتائج صحية أكثر إيجابية [70].

وقد أبرزت أبحاثنا الخاصة بعض التعقيدات التي ينطوي عليها الأمر. على سبيل المثال نظرنا في الصلات بين الجنس (التذكير والتأنيث) والمعتقدات حول الصحة وعزم الناس على اتخاذ إجراءات بشأن هذه المعتقدات بين الأميركيين المكسيكيين والوقاية من السل. وعلى الرغم من أننا ركزنا على هذا الجانب من الصحة فمن المرجح أن تكون نتائجنا مماثلة للتثاقف (التأقلم) والوقاية من

الأمراض الأخرى.

استخدمنا في بحثنا ما يسمى (نموذج المعتقد الصحي Health Be-lief Model - HBM) الذي يعتبر معتقدات الناس حول خطر المرض وأنهم معرضون لخطر الإصابة به وما هي الحواجز التي تعترض الرعاية التي يعتقدون أنها موجودة وعوامل أخرى. ووجد بحثنا أن الأميركيين المكسيكيين التقليديين يرون السل على أنه مرض أكثر خطورة وأنهم أكثر تعرضاً من الاخرين الذين كانوا أكثر تأقلماً. وعلى هذا النحو أولت هذه البلدان اهتماماً أكبر للمعلومات المتعلقة بكيفية الوقاية من السل بين المهاجرين الأكثر تأقلماً. وقالت هذه المجموعة أيضاً إنه من المرجح أن يواجهوا المزيد من الحواجز أمام الرعاية الجيدة.

وفي جميع المجالات تميل النساء إلى أن تكون أكثر وعيا بالصحة من الرجال. وكان الرجال الأكثر تأقلماً أقل احتمالاً للتعبير عن قلقهم أو التصرف بشأن أي قلق بشأن السل بين. الناس الذين نظرنا إليها [71].

ومن الجدير بالذكر أن بعض القواعد النظرية قديمة جدا. فعلى سبيل المثال كان البرنامج قد وضع أصلاً في الخمسينات. وحقيقة أنهالا تزال تستخدم اليوم تدل على قيمتها الثابتة والمستمرة في فهم استجابة الناس للمرض.

التقاليد والعلاجات

توفر التقاليد الثقافية أحياناً عوامل حماية لمجتمعات المهاجرين. ويشمل ذلك العلاجات التقليدية وبعض الأطعمة والممارسات الروحية و/أو الدينية. وفي كثير من الأحيان يرفض الطب الغربي هذه الممارسات باعتبارها رجعية وغير مجربة وغير متطورة.

ولكن هذا ليس صحيحا دائما. خذ مثال تناول «nopales» أو «nopalitos». هذه هي منصات nopal (نبات الصبار أوالكمثرى الشائكة) وهو مادة غذائية مشتركة في الثقافة اللاتينية. والفكرة التقليدية ان تناولها يساعد على تنظيم نسبة السكر في الدم وبالتالي علاج جيد لمرض السكري. و في الواقع أظهرت الدراسات صحة هذا الافتراض لأن محتوى الألياف في هذا الطعام يساعد على خفض مستويات السكر في الدم. وقد تم العثور على نتائج مماثلة للكريلا

(البطيخ المر) الذي يستخدم عادة في الثقافات الآسيوية [72].

وهذا لا يعني أن جميع العلاجات التقليدية مفيدة. وعلى سبيل المثال فإن استخدام الزئبق في بعض الممارسات التقليدية يشكل خطراً طبياً. [73]

وتشمل الممارسات التقليدية الشائعة الأخرى مثل كوراندروس curander-ismo في المكسيك فضلا عن الحجامة و (الفضاضة coining) التي تمارس في شرق آسيا لعدة قرون. ونظراً لعدم وجود أدلة واضحة قائمة على الأبحاث فإن البعض في المهن الطبية الغربية يشككون في فعالية هذه العلاجات. والبعض الآخر مثل الوخز بالإبر قد تم قبوله إلى حد كبير على أنه مفيد لأن بعض الأدلة العلمية تدعم فعاليتها (على سبيل المثال في المساعدة على الحد من الألم المزمن) [74].

وقد أظهرت تجربتنا المهنية عموما أن مجتمعات المهاجرين غالبا ما تجلب تقاليد العلاج الاستشفائي التقليدي الهامة معهم. بالإضافة إلى كوراندروس المكسيكية وتعترف المعاهد الوطنية للصحة بأهمية الطب العربي والإسلامي التقليدي (TAIM). كما يعتبر طب الايورفيدا في الهند مهم بين كلية الممارسات العلاجية. ويشمل استخدام الأعشاب الأصلية والوجبات الغذائية التقليدية والتمارين (اليوغا) والتدليك والتأمل والتمائم. وبالمثل الطب الصيني التقليدي (TCM) ينطوي على الصحة الشاملة المعقدة والممارسات العلاجية بما في ذلك استخدام الأعشاب المحلية والتدليك وممارسة الوخز بالإبر والأطعمة الصحية متوازنة. بالتأكيد معظم هذه الأشكال التقليدية أكثر من العلاج الاستشفائي التقليدي يمكن أن يعلمنا أن مزاولة الطب الغربي لفصل العلاج الاستشفائي التقليدي الجسدي والنفسي والروحي وسوف تستفيد من إعادة التقييم التي تنظر في أشكال أخرى من العلاج الاستشفائي التقليدي ونظرة فاحصة على مزايا العلاج الشامل. إن التقليد الغربي الذي كان مستمداً إلى حد كبير من التاريخ الديني في فصل الجسد عن العقل والروح بشكل خاص وخلق انفصاماً لم يخدمنا.

مثال من المزاولة

يواجه مقدمو الخدمات الغربيون في بعض الأحيان معتقدات تقليدية في ممارستهم. ومن الأمثلة على ممارستنا ما يلي:

أحضرت عائلة صومالية مريضتها. وهي على غرار العديد من بنات جيلها قد عانت من اضطراب ما بعد الصدمة PTSD شديد وإصابات طبية خلال الحرب الأهلية في بلدها. هذه التجربة تسبب لها مشاكل تركيز كبيرة مما أثر في قدرتها على التعلم وتذكر المعلومات الجديدة. وبالتالي لم تتمكن من اجتياز متطلبات الجنسية الأمريكية التي تختبر مهارات اللغة الإنجليزية ومعرفة أسئلة التاريخ / التربية المدنية. وفي نهاية المطاف تم إعفاءها من هذه الشروط على أساس عاهتها العقلية. وكانت المريضة ممتنةً ويمكنها الآن الحصول على جواز سفر أمريكي واستخدامه للسفر والعودة دون مشاكل للحصول على خدمات علاج تقليدي في الصومال والذي كانت تعتقد أنه يشفيها. والسؤال هو: هل كان ينبغي لنا أن نكون غير معنيين بالعلاج الغربي كمجرد طريق إلى العلاج «الحقيقي» أو نسعد لأننا تمكنا من مساعدتها في الوصول إلى المكان الذي تحتاج إلى الذهاب إليه؟ اخترنا النهج الأخير لأنه أدى الغرض حسب « اختيار ما يصلح».

وفي بعض الأحيان يمكن أن تكون نُهُج او طرق الصحة العامة والعلاج مفيدة للغاية. واستخدام اصطلاح «التعزيز « (بروموتوراس Promotoras) مثلاً وهو مزاولة التواصل مع قادة المجتمعات المحلية/القائمين عليه وقد أصبح أداة رئيسية في تعزيز الصحة العامة في المجتمعات المحلية اللاتينية [75].

وقد أثبتت هذه المزاولة أن لها تأثيراً كبيراً على المجتمعات من خلال تحقيق نتائج مفيدة. كما تسمى في كثير من الأحيان «تعزيز Promotoras "العاملين في مجال الصحة المجتمعية (CHWs). لقد كانت جزءًا لا غنى عنه من مشاريعنا البحثية التي تحقق في احتياجات الرعاية الصحية ليس فقط مع اللاتينيين ولكن أيضًا مع المجتمعات الأخرى. نجاح هذه البرامج يشير إلى الحاجة العامة إلى الكفاءة الثقافية في البحوث والرعاية الصحية التي يتناولها الفصل 8 بمزيد من التفصيل.

مفهوم المعالج «التقليدي»

يصف فرع تحليلي من علم النفس النماذج الأصلية على أنها حالات استعداد عالمية قديمة تم تطويرها من خلال تاريخنا البشري الجماعي. واحد من هذه النماذج الأصلية هو «المعالج». تخبرنا الكاتبة سوزانا بارلو [76] أن «كل ثقافة تبدأ من عصر رجل القبائل القديم وتستمر خلال العصور حتى العصر الحديث. وفي داخل الكتاب ذكر للنمط الأصلي من المعالج «. كان على البشر دائماً أن يتحملوا المرض. وكنا دائما بحاجة إلى شخص لمساعدتنا على الشفاء. ويبدو أن بعض الناس لديهم قدرة طبيعية في هذا الصدد. وفيما يلي قصة أحد أفراد الأسرة الذي كان واحدا من هؤلاء. الناس. يتم تضمينها لإعطاء مثال واحد على كيفية ترجمة بعض المفاهيم الأكثر تجريدا والتي ناقشناها إلى واقع الحياة.

المُعالج المهاجر (بقلم دلورس د. رودريغيز - ريمان)

قصة حياة السيد فيليب دي خيسوس رومو فالاديز ‹غالبا ما تنطوي على شفاء الآخرين. ولد فيليبي في 1 مايو 1903 في لا كروز دي أوروزكو وهي بلدة صغيرة في ولاية خاليسكو المكسيكية ابوه للسيد موديستو رومو وأمه السيدة. م سانتوس فالاديز دي رومو. وكان أحد أطفال والده التسعة عشر.

نشأ فيليبي على «هاسيندا» (أرض كبيرة وغالبا ما تستخدم للزراعة أو تربية الماشية) في جوليان خاليسكو المكسيك. كما تذهب القصة وكانت واحدة من الأعمال المفضلة لفيليبي هي رعاية الأبقار. وكان يقوم بإحضارهم إلى الحظيرة ليلاً بحلول ضوء القمر.

كان لموديستو والد فيليبي سمعة محلية كمعالج. كان يعتقد أن لديه بركة خاصة به ساعده في علاج مرضى القرى المجاورة بويبلوس والرانشوس (مدن صغيرة أو قرى وحظائر باللغة الإسبانية). واشتملت علاجاته الشاي والزيوت والصلوات. كان موديستو رجل روحي عميق علّم أساليب العلاج الاستشفائي التقليدي هذه ل(فيليبي).

ثم جاءت الثورة المكسيكية التي غيرت المشهد السياسي والثقافي في البلاد. كما أنه يكلف العديد من الأرواح. وكان من بين الذين لقوا حتفهم موديستو والعديد من إخوة فيليبي الذين قاتلوا للدفاع عن هاسيندا. وعلى الرغم من هذه التضحيات فقدت الأرض وسعت الأسرة المتبقية إلى مكان جديد يمكنهم أن يبدأوا فيه من جديد. في حزيران/يونيو 1925 هاجر فيليبي إلى الولايات المتحدة للعثور على حياة جديدة لنفسه وكذلك للمساعدة في دعم أفراد الأسرة الذين بقوا في المكسيك.

هاجر فيليبي والعديد من أصدقائه في مرحلة الصبا إلى « النورته EL Norte» (وهو مصطلح شائع يستخدمه. الناس المسافرون إلى الولايات المتحدة من المناطق الجنوبية للمكسيك). وصلوا إلى معبر الولايات المتحدة في لاريدو. تكساس. ودفعوا 8.00 بيزو استغرق لدخول الولايات المتحدة في ذلك الوقت. وكان فيليب وأصدقاؤه قد خططوا أصلا للذهاب إلى مونتانا. ولكن عندما توقفوا في بلدة صغيرة من ألتون. إلينوي. حصلوا على وظائف في مصنع أوينز للزجاج وبقوا.

وكان فيليبي يعتقد في الأصل أنه سيعود إلى المكسيك في غضون عام. ولكن بعد ثلاث سنوات في ألتون. تزوج ليونا سيمبكنز. ابنة تشارلز سيمبكنز وديليا م (Ives) باول. ليونا كانت من أصل ألماني وشيروكي وكندي فرنسي. وشكل الزوجان أسرة وأنجبا ستة أبناء وأربع بنات. وكما كان شائعاً في ذلك الوقت. لم يتعلم هؤلاء الأطفال اللغة الإسبانية ونشأوا إلى حد كبير مع المعايير الثقافية الأميركية. ومع ذلك احتفظوا بهوية مكسيكية فخورة.

وفي حين عاد بعض أصدقاء فيليبي إلى المكسيك. ظل هو في الولايات المتحدة. وكانت هذه تجربة متكررة بين المهاجرين المكسيكيين. ظنوا في البداية رحلتهم إلى الولايات المتحدة كحالة مؤقتة لكنهم بقوا بعد ذلك. وقد فعل البعض ذلك لأنهم وجدوا حياة جديدة. وشعر البعض بالتزام مستمر بدعم أفراد الأسرة في الوطن. ومع ذلك. لم يكن كونك مهاجراً خلال أواخر العشرينات والثلاثينات من القرن العشرين سهلاً أو آمناً. كان فيليبي لا يزال يعامل على أنه «أجنبي». وعاش في مجتمع غالبيته من السود والمكسيكيين. وتسمى «بلدة الكلب Dog Town». ويقال إنه كان يحمل مسدساً للحماية.

مع مرور الوقت حصل فيليبي على مكانة محترمة في مجتمع ألتون المكسيكي. وذلك بسبب كرمه. ولكن أيضا بسبب بركة العلاج الاستشفائي التقليدي التي كان قد ورثها من والده. وشملت مهارات فيليبي الاستماع إلى قصص الناس حول «ما أزعجهم». واستخدامه للأعشاب التقليدية والشاي والعلاجات المنزلية وصلواته. في هذه العملية. اكتسب سمعة تريح الناس. كما ساعدته سمعة فيليبي على التوسط في الخلافات المجتمعية. سعى الناس إلى الحصول على استشارته الملطفة والمدروسة.

لم يقم فيليبي بزيارة المكسيك الحبيبة اليه مرة أخرى حتى مر 40 عامًا. وبحلول ذلك الوقت كان قد ربى أطفاله. الذين خدم العديد منهم في القوات المسلحة الأمريكية وشهدوا الحرب العالمية الثانية وكذلك كوريا وفيتنام. وأصبح جدًا للعديد من الأحفاد وأحفاد الأحفاد. ومن بينهم أولئك الذين عملوا وما زالوا يعملون في مجال القانون وهذا شملني انا دلورس رودريغس-ريمان حيث كانت قصة جدي فيليبي سبب الهامي.

بمرور الوقت. مرض فيليبي ونقلته عائلته إلى تكساس. كانت الأشهر التي قضاها جدي فيليب في منزلنا أفضل ذكرياتي عنه. توفي عام 1983 وقد عانى أثناء إقامته معنا بالقرب من المكسيك من نوبات قلبية خطيرة.

قصة جدي فيليب لها جوانب عديدة من تجربة الهجرة المشتركة. لقد عمل بجد وصنع حياة لنفسه في الولايات المتحدة وخدم مجتمعه. تضمن جزء من هذه الخدمة مهارات الاستشفاء التقليدية التي نقلها إليه والده. ذهب بعض أبنائه وأحفاده لخدمة المجتمع الأوسع من خلال الجيش في أوقات الحرب. من خلال إنفاذ القانون. وبطرق أخرى كثيرة. بالنسبة لي . ورثت من فيليبي شغفًا بالعلاج الاستشفائي التقليدي وهذا كان جزء من إرثه.

أسئلة للاعتبار

هل يوجد أشخاص في عائلتك أو مجتمعك لتلجأ اليهم إذا لم تكن على ما يرام (من غير الأطباء أو الممرضين)؟

التوصيات

هناك العديد من الكتب حول العلاج التقليدي. بينما قد لا يكون كل شيء منطقيا بالنسبة لك. قد يكون من الممتع استكشاف كيف شهدت الثقافات الأخرى المرض والمرض. قد يتناسب بعض ذلك مع تصوراتك.

6
العمل والاقتصاد والتعليم

قد يكون التكيف مع بيئات وظروف العمل في بلد جديد أمرا صعبا. يتضمن تحديات على العديد من المستويات لأصحاب العمل والمتقدمين والموظفين. ولكن في نهاية المطاف. يقدم المهاجرون مساهمات كبيرة للقوى العاملة. بما في ذلك في المهن عالية التقنية. على هذا النحو فهي تساعد في دفع وتوسيع اقتصادات العديد من البلدان. يصف هذا الفصل الأثر الاقتصادي الأساسي للمهاجرين. من حيث الخدمات التي يحتاجونها والمساهمات التي يقدمونها. نحن نركز على الاتحاد الأوروبي والولايات المتحدة لأن هذه المواقع كانت وجهات رئيسية لمختلف مجموعات المهاجرين. نستكشف أيضاً العوائق التي يواجهها المهاجرون في الوصول إلى سوق العمل في البلد المضيف. بالإضافة إلى ذلك. يقدم الفصل مثالا على كيفية إساءة تفسير المواقف الثقافية تجاه العمل. على حساب المهاجرين والمجتمع الأكبر حجما. ثم نعرض مقتطف صغير من "قصة رايمان». هذا حساب عائلي حقيقي يوضح التكيف الوظيفي والنجاح في بلد جديد. أخيراً. يسرد الفصل بعض الأسئلة لطرحها على نفسك والتوصيات التي قد تجدها مفيدة

الأثر الاقتصادي للهجرة

يتضمن الأثر الاقتصادي للهجرة مزيجاً معقداً من المعلومات. من ناحية أخرى. سيحتاج بعض المهاجرين (خاصة اللاجئين النازحين من البلدان الأقل نمو إلى مجموعة من الخدمات الاجتماعية. وأحيانا 3 مكثفة. للاستقرار. هذا يكلف المال. ومع ذلك. يمكن للمهاجرين الذين يتأقلمون بنجاح مع بلدهم الجديد تقديم مساهمات اقتصادية كبيرة للمجتمع الأوسع ولإحساسهم بالأمان

والسعادة. في الوقت نفسه. من المرجح أن ينتهي الأمر بالمهاجرين الذين لم يندمجوا بنجاح باعتبارهم طبقة دنيا تجعلهم محبطين ومحرومين وخائبين من الوهم. باختصار. الدولة المضيفة التي لديها الإرادة السياسية للقيام باستثمار مدروس مقدماً في عمليات انتقال عمل المهاجرين من المحتمل أن تجني مكاسب أكبر على المدى الطويل.

هنا بعض الإحصاءات ذات الصلة. يركزون على الاتحاد الأوروبي والولايات المتحدة. كما لوحظ سابقاً. تميل هذه المواقع إلى أن تكون وجهات المهاجرين الرئيسية (على الرغم من أنها ليست الوحيدة إلى حد بعيد). على هذا النحو هم بمثابة أمثلة جيدة.

الاتحاد الأوروبي

عند معالجة التكاليف الاقتصادية المترتبة على استيعاب المهاجرين. تركز العديد من البلدان على اللاجئين. من المرجح أن يكون تعدادهم الأكثر إثارة للقلق لأنه ينطوي على استثمار اقتصادي أكبر. وخلال استعراضها لمثل هذه القضايا. قام تقرير تقني للمفوضية الأوروبية.

بتقييم الأدلة المتاحة [77]. وأقرت أن قلة الأدلة التجريبية هي التي تسترشد بالمناقشات السياسية. لكنها خلصت في النهاية إلى أنه. إذا تم إجراؤها بشكل جيد. فإن الفوائد الاجتماعية والاقتصادية والمالية للمهاجرين تفوق تكاليف الاندماج على المدى القصير.

على وجه التحديد. درس تقرير المفوضية الأوروبية تأثير اللاجئين وتأثيرهم المتوقع على الناتج المحلي الإجمالي للاتحاد الأوروبي. هذا الحساب هو القيمة النقدية لجميع السلع والخدمات النهائية خلال فترة محددة. أخذت الدراسة في الاعتبار العديد من الظروف المختلفة التي يمكن العثور عليها خلال الفترة التي تبدأ في عام 2016 وتستمر حتى عام 2040. في حين تباينت السيناريوهات المحددة. أظهرت جميعها أن الهجرة تمثل وستستمر في حساب زيادة ملحوظة في الناتج المحلي الإجمالي للاتحاد الأوروبي. كان هذا صحيح. حتى عندما 1- (يتم النظر في التكلفة الأولية الحكومية والمجتمعية للهجرة. و 2 - (مجموعة المهاجرين التي يتم التركيز عليها هي التي تحتاج على الأرجح إلى

المساعدة الأولية. وخلصوا إلى أن الهجرة هي مكسب صاف لاقتصاد الاتحاد الأوروبي.

الولايات المتحدة

تظهر الدراسات التي تستعرض اتجاهات التوظيف في الولايات المتحدة بمرور الوقت أنه من بين الوافدين الجدد. يميل الرجال المهاجرون إلى الحصول على فرصة عمل أقل من نظرائهم المولودين في البلاد. لكن بعد فترة

من التعديل. يصبحون أكثر عرضة للتوظيف من السكان الأصليين المولودين. في البداية. تميل مهن الرجال إلى أن تكون في الطرف الأدنى من الطيف المهني بمعنى أنهم يعملون في وظائف تتطلب تعليم أقل ويكسبون أموالا أقل. لكن هذه الفجوة تميل إلى الانغلاق بمرور الوقت.

لدى النساء المهاجرات معدلات توظيف أولية أقل من نظرائهن من الرجال. لكن فرصهم في الحصول على وظيفة تزداد أيضا بمرور الوقت. من حيث الأجور. يبدأن في الاقتراب مما يكسبه نظرائهن من الرجال. لكن المرأة تعاني بعد ذلك من نمو بطيء نسبيا في الرواتب. وهذا يعكس صدى عدم المساواة في الأجور بين الجنسين في عموم السكان

للحصول على فكرة عامة عن المصاريف (دولارات وسنتات) المعنية. ضع في اعتبارك الأرقام التالية: وفقا لإحصائيات المنتدى الوطني للهجرة لعام 2014. حصل المهاجرون في الولايات المتحدة على 3.1 تريليون دولار من الأجور السنوية حتى ذلك الحين. بلغ هذا 2.14 %من إجمالي الدخل المكتسب في الولايات المتحدة. يعود جزء كبير من هذه الأموال إلى الاقتصاد الأمريكي. وبالتالي يساهم في الطلب على السلع والخدمات والمزيد من الوظائف

يميل الأفراد المولودين خارج الولايات المتحدة أيضا إلى التمثيل في سوق العمل أكثر من المجموعات الأخرى. على الرغم من أنهم يشكلون 1.24 %من إجمالي عدد سكان البلد. إلا أن إحصائيات عام2016 تظهر أنهم يمثلون 8.28 %من السكان في سن العمل. و4.28 %من القوة العاملة. و5.30 %من العاملين فيها في مهن العلوم أو التكنولوجيا أو الهندسة أو الرياضيات ((STEM. شهد هذا الاتجاه في الآونة الأخيرة أوقات نمو معينة. بين عامي 2011 و2016. على سبيل

المثال. زاد عدد المهاجرين في سن العمل بنسبة 7.7 % وارتفع عدد المهاجرين العاملين إلى 3.16 % وارتفع عدد العاملين في مجالات العلوم والتكنولوجيا والهندسة والرياضيات المولودين في الخارج بنسبة 5.31%.

نظرة فاحصة على التأثير المحلي

في الولايات المتحدة. قد يكون من المفيد أيضا النظر إلى مواقع جغرافية محددة لفهم تأثير الهجرة على مستوى المجتمع. بعض المناطق الحضرية. على سبيل المثال. موطن للمهاجرين الذين يشكلون نسبة كبيرة بشكل خاص من سوق العمل الإجمالي في الصناعات الرئيسية. يمكن أن تشمل هذه الزراعة والخدمات العامة والتصنيع والنقل والتخزين والبناء.

سنستخدم مقاطعة سان دييغو (كاليفورنيا) كمثال. في هذا المكان. ساهم المهاجرون بـ 3.64 مليار دولار في إجمالي الناتج المحلي الإجمالي في عام 2016. وشكل ذلك .25.2 %من إجمالي مساهمات الناتج المحلي الإجمالي. تظهر هذه الأرقام أن المهاجرين قدموا مساهمات كبيرة في الضرائب الحكومية والمحلية والفيدرالية (7.5 مليار دولار في الضرائب الفيدرالية و 2.1 مليار دولار في الضرائب الحكومية والمحلية ؛ مساهمة 2.4 مليار دولار في الضمان الاجتماعي و 650.7 . مليون دولار للرعاية الطبية للمسنين «ميديكير») [79]

قد يكون هناك بعض الافتراضات. جزئيا لأن بعض المهاجرين يفتقرون إلى الوضع القانوني. فإن الهجرة الإجمالية تشكل عبئا علىالاقتصاد الأمريكي. لكن تشير التقديرات إلى أنه في عام 2016. كسبت عائلات المهاجرين هذه 2.6 مليار دولار. من هذا المبلغ . تم تخصيص 8. 503 مليون دولار للضرائب الفيدرالية و109 ملايين دولار لضرائب الولاية والادارة المحلية و ترك للمهاجرين أنفسهم 0.2 مليار دولار كقوة شرائية [80]

ويلاحظ اعتبار اقتصادي آخر وهو السوق التعليمية. على سبيل المثال. تم تسجيل 6965 طالبا في كليات وجامعات سان دييغو خلال خريف عام 2015 كمقيمين مؤقتين. وواصلوا دعم 8916 وظيفة محلية وإنفاق 637.6 مليون دولار خلال العام الدراسي 16/2017 [80] للمهاجرين المحليين أيضا دور عندما يتعلق الأمر بالثروة السكنية. في عام 2016. امتلك 9.43 %من المهاجرين في مقاطعة

سان دييغو منازلهم الخاصة. 1.54 %الأخرى مدفوعة الإيجار. أكثر من خمسة وخمسين بالمائة (3.55 (%يعيشون في منازل. 1.41 %آخرون يعيشون في شقق. بلغ إجمالي قيمة ممتلكات الأسر المهاجرة 1.79 مليار دولار. وقدرت مساهماتهم الإجمالية في الإيجار السنوي بـ 7.2 مليار دولار [80].

بالإضافة إلى ذلك. تلعب ريادة الأعمال دورا كبيرا في مساهمات المهاجرين. على سبيل المثال. بينما يشكل المهاجرون 1.24 %من إجمالي سكان سان دييغو. فإن المهاجرين يمثلون 7.32 %من رواد الأعمال في عام 2016. وكان هناك 7.22 %من الناس المولودين في الخارج أكثر من رواد الأعمال المولودين في الولايات المتحدة. حقق هؤلاء الأفراد المولودين في الخارج 4.1 مليار دولار من دخل الأعمال لمقاطعة سان دييغو. في عام 2012 على سبيل المثال. ساهمت الشركات

المملوكة للاتينياً بمبلغ 1.11 مليار دولار في الإيرادات وأجر 44950 موظفا. حققت الشركات المملوكة للآسيويين الأمريكان 4.10 مليار دولار من العائدات وتوظيف 010. 65 شخص.

كما تساعد الأدوار التي يلعبها المهاجرون الشركات في الحفاظ على بعض الوظائف محلية. أحد التقديرات هو أنه بحلول عام 2016.

ساعد المهاجرون الذين يعيشون في مقاطعة سان دييغو في خلق أو الحفاظ على 36770 وظيفة محلية كانت ستنتقل لولا ذلك إلى أماكن أخرى. بينما تتغير الأرقام الدقيقة بمرور الوقت. توضح الأمثلة المذكورة أعلاه المواضيع التي هي في مصلحتنا وتستحق دعمنا وصيانتنا.

ما الذي يفسر هذه الأرقام؟ نعتقد أن المهاجرين هم مجموعة متحمسة وقلبة. كما هو موضح في هذا الكتاب. يتطلب الأمر الكثير لحزم أمتعتك ومغادرة المكان الذي تعرفه. المكان الذي اتصلت به بالبلد. بعض الناس ليس لديهم خيار. البقاء قد يعني الفقر أو العنف أو حتى الموت. يشعر الآخرون أنهم يستطيعون / يفعلون بحياتهم أكثر مما كان بلدهم الأصلي قادرا على تربيته. في بعض الحالات. تسمح الهجرة لكبار العقول في مجال معين بالتعاون في مكان واحد والتوصل إلى اكتشافات تفيد البشرية ككل. رسالتنا في التحدث إلى المهاجرين هي كما يلي: مهما كانت ظروفك. لا تستسلم. لقد أثبتت بالفعل أنك قوي. كانت الهجرة شكلا من أشكال التقدم طالما كان هناك أشخاص. استخدم

هذه القوة للمضي قدماً. ليس فقط من أجل نفسك ولكن من أجل مستقبل عائلتك. بتقييم كل ما سبق. يتضح أنه بدلا من أن يكون المهاجرون استنزافا لموارد البلد المضيف. فإنهم يقدمون مساهمات كبيرة للعديد من أسواق العمل والصحة الاقتصادية للمجتمع ككل في بلدهم الذي تم تبنيه.

معوقات النجاح

على الرغم من الأرقام الإيجابية المذكورة أعلاه. لا تزال هناك تحديات. باستخدام أرقام عام 2017 على سبيل المثال. خلصت الأكاديميات الوطنية للعلوم والهندسة والطب إلى أن العمال المولودين في الخارج ممثلون بشكل زائد في المجموعات المهنية رفيعة المستوى التي تتطلب قدرا كبيرا من التعليم (مثل العلماء والمهندسين والمعماريين) [81].بمعنى آخر فإنهم يشكلون نسبة مئوية من العاملين في هذه المجالات أعلى من نسبة السكان المولودين في البلاد. ولكن في الوقت نفسه. فإن العمال المولودين في الخارج ممثلون تمثيلا ناقصا في المناصب المهنية والإدارية الأخرى.

أفاد مكتب الولايات المتحدة لإحصائيات العمل أن الناس المولودين في الخارج حصلوا في المتوسط على 83.1 %فقط من الدخل الذي حققه نظرائهم المولودين في البلاد في عام 2016 [82].إذا تم تعيينك من قبل شركة بناء على مهاراتك المهنية أو إذا كان لديك أموال للاستثمار فهذه ليست مشكلة بشكل عام. قد يكون لديك فرص كبيرة.

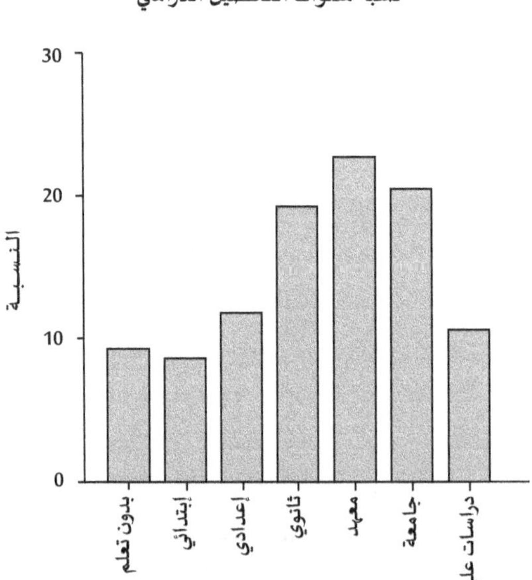

لكن هذا الخيار ليس قابل دائمًا للتطبيق على المهاجرين. حتى لو كان لديهم تعليم

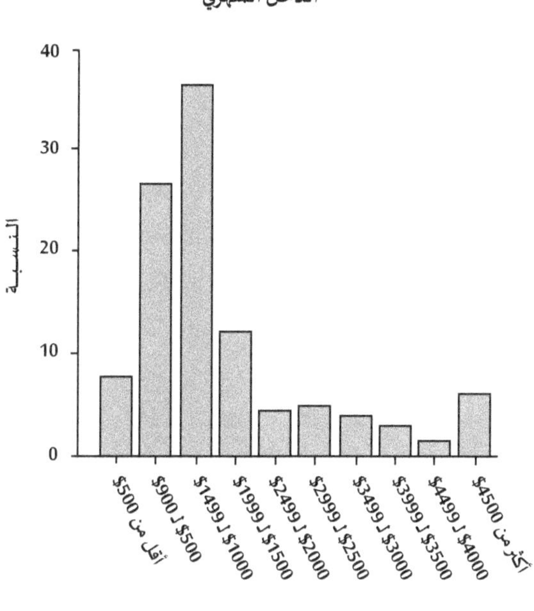

جيد. على سبيل المثال.

في أحد المشاريع التي أجريناها مع أشخاص من أصول شرق أوسطية وشرق أفريقية في سان دييغو (مشروع سلام) وجدنا أن معظم الناس حصلوا على دبلوم المدرسة الثانوية أو مستوى تعليمي أعلى. ومع ذلك تم تجميع المجموعة أيضًا في الطرف الأدنى من الطيف الاقتصادي (معظمهم يكسبون أقل من 2000 دولار شهريًا). يتم عرض المخططات الشريطية من المشروع التي تعكس هذا الواقع إلى اليسار.

تضمنت العوائق حقيقة أن الدول المضيفة تميل إلى عدم قبول بعض أوراق الاعتماد الأجنبية. هذا صحيح بشكل خاص في مهن الرعاية الصحية لدينا. على سبيل المثال. صديقة حصلت على شهادة الطب من بلد أجنبي. لم تكن هذه شهادة من بعض كليات الطب الأجنبية غير المعتمدة في كاليفورنيا. بدلا من ذلك. هي حصلت عليها من معهد عام محترم وكانت صديقتنا (ولا تزال) مؤهلةً تمامًا. حيث شغلت عدة مناصب ومسؤوليات في أجزاء أخرى من العالم. ولكن نظرًا لعدم قبول مؤهلاتها في الولايات المتحدة. كان عليها أن تحصل على شهادة طبية ثانية هنا حتى تتمكن من مزاولة المهنة التي اختارتها ليس كل شخص مستعدًا أو قادرًا على اتخاذ خطوة كبيرة إلى الوراء. لا يمتلك كل شخص مبلغ مليون دولار زائد للاستثمار المطلوب أساسًا للشراء في بلدان جديدة. لدينا أشخاص ذوو تعليم عالٍ وقادرون ويعملون في وظائف منخفضة المستوى. يتضمن هذا النوع من الخبرة تغييرات في الحالة الاجتماعية والاقتصادية والاجتماعية والتي يمكن أن تكون مزعجة للغاية بالنسبة لهم.

الاعتبارات الاجتماعية والسياسية

هناك اعتبار آخر للمهاجرين. حتى لو كانوا ينتقلون كجزء من شركة تم توظيفهم أو لشغل مناصب رفيعة المستوى. وهو الشؤون القانونية والاجتماعية والمناخ السياسي في بلدهم الجديد. في عام 2019. حضرنا مؤتمرًا دوليًا من قبل جمعية محامي الهجرة من العديد من الأماكن في جميع أنحاء العالم. تناولت لجنة واحدة من الخبراء القانونيين الدرجة التي يُنظر بها إلى. الناس من مجتمع +LGBTQ في مختلف البلدان. تراوحت ردود أعضاء اللجنة بين 1) ندرك الظروف المعنية ولدينا قوانين تحمي الحقوق المدنية؛ 2) في بلدنا. نحن نعرف القضايا المعنية ولكننا بحاجة إلى بذل المزيد من الجهد فيما يتعلق بالقوانين التي تحمي حقوق الإنسان. إلى 3) رد أحد المحامين (إعادة الصياغة): العلاقات المثلية هي جريمة في بلدي

هذا النوع من الظروف هو مجرد مثال واحد على سؤال أوسع حول المناخ الاجتماعي والسياسي في البلدان التي يهاجر إليها الناس

هل الناس منفتحون إلى حد ما فيما يتعلق بنمط الحياة والقيم التي تتبناها؟ هل هناك قوانين تحمي حقوق الإنسان؟ إذا كان الأمر كذلك. فهل يتم تطبيق هذه القوانين؟ كيف تقارن هذه العوامل بالواقع في بلدك الأصلي؟ يمكن أن يكون للإجابات تأثير واضح على حياتك الاجتماعية وكذلك على العمل والسلامة

الاختيارات المهنية والوظيفية عبر الثقافات

تتضمن الأسئلة الأخرى: كيف يقرر. الناس من الثقافات الأخرى المسارات الوظيفية؟ هل تتوافق هذه الأساليب مع توقعات صاحب العمل الشائعة في بلدهم الجديد؟

استكشفت إحدى دراساتنا مثل هذه القضايا.[83] بحثت في العوامل التي تؤثر على قرارات الشباب المكسيكي الأمريكي الوظيفي. أظهرت البيانات الديموغرافية في ذلك الوقت أن هذه المجموعة واجهت صعوبات في الوصول إلى سوق العمل أكثر من عموم السكان. كما أشارت الأبحاث إلى أن هذا الاتجاه كان مدفوعًا جزئيًا بالمفاهيم الخاطئة لأصحاب العمل. على وجه التحديد. اعتبر بعض أصحاب العمل أن الشباب الأمريكيين المكسيكيين يفتقرون إلى أهداف

وتطلعات ومسارات مهنية مركزة. تم تفسير هذا الافتقار المفترض للتركيز على أنه نوع من عدم النضج المهني (التزام محدود بمهنة معينة) وبالتالي هو ضار. استخدمت أدبيات التطوير الوظيفي مصطلحات مرضية وحرجة مثل «زيتوفوبيا او رهاب النفس» (الخوف المفترض من اتخاذ القرارات المهنية) و «الاختلاط الوظيفي» لوصف. الناس الذين ليس لديهم مسار وظيفي محدد للغاية في الاعتبار. (كرومبولتز)[84] إلى جانب ذلك. كان هناك افتراض بأن الأهداف المهنية المحدودة تعني أن الشخص كان أكثر تركيزًا على الأسرة وبالتالي أقل طموحًا.

ومع ذلك وجدت دراستنا أن الشباب الأمريكيين المكسيكيين الذين كانوا على استعداد لقبول مجموعة أكبر من الخيارات المهنية قدّروا بشكل خاص تماسك المجتمع وأخلاقيات العمل القوية. ما كان يعتبر نقصًا في وضوح الهدف الوظيفي كان نوعًا من المرونة. نشأ جزئيًا عن الرغبة في استيعاب واحترام احتياجات الآخرين. بدلاً من أن يكونوا مترددين وغير مركزين. فإن هؤلاء الأمريكيين المكسيكيين الذين عبروا عن المرونة المهنية فعلوا ذلك غالبًا لتلائم متطلبات منظمة. بالنسبة لهم. فإن هذه المرونة تعني استعدادًا للعمل الجاد لتحقيق النجاح. في هذا السياق. كان السعي وراء هدف وظيفي محدد بدقة. يرتبط بالمصلحة الذاتية والتركيز الداخلي أقل أهمية. أظهرت نتائجنا أيضًا أنه لا الرجال ولا النساء الذين ركزوا بشدة على أسرهم أظهروا أي انخفاض مرتبط في أخلاقيات العمل. بدلاً من ذلك. بالنسبة لمعظم المكسيكيين الأمريكيين. فإن الشعور بالتمييز ضدهم بدلاً من الانخراط في الأسرة يضر باستثماراتهم المهنية.

قد يعتقد المرء أن الحالة الاجتماعية والاقتصادية للشخص لها تأثير على مثل هذه النتائج. بعبارة أخرى. من المرجح أن «يأخذ أي شيء» الشخص الفقير من حيث التوظيف. في حين أن هذا قد يكون صحيحًا في بعض الظروف. فإن هذا الاتجاه لم يكن واضحًا في دراستنا.

باختصار يسلط هذا البحث الضوء على أنه بينما يلعب التركيز على الأسرة دورًا في قرارات مكان العمل للمكسيكيين الأمريكيين. فإن هذا التركيز لا يحد من المساهمات في مكان العمل. إذا كان هناك أي شيء. فقد يعزز قيمة الموظفين

لسوء الحظ. لم يعدل معظم أصحاب العمل عملية اختيار موظفيهم مع هذا النوع من الواقع. اعتبر الخبراء المهنيون والمهنيون. على سبيل المثال. «المهارات

القابلة للتحويل» و «التدريب المشترك» مجالًا مهمًا للتركيز لسنوات. يعني المصطلح أن مهارات العمل المكتسبة في نوع واحد من المهنة ولصالحها يمكن أن تكون مفيدة أيضًا في نوع آخر. علينا فقط اكتشف المهارات التي تتوافق مع أي مهن. لكن من الصعب العثور على مثل هذه الاعتبارات في أي إعلان عن وظيفة

في الوقت نفسه. من المهم بشكل متزايد النظر في تأثير الثقافة على اختيار المهنة. إذا لم يفعل ذلك أصحاب العمل ومهنيو التطوير الوظيفي. فإنهم 1) يقللون من عدد الموظفين الجيدين الذين يوظفونهم و2) لا يتكيفون مع اتجاهات القوى العاملة التي لم تعد تناسب نموذج «حياة واحدة / مهنة واحدة» وبدلاً من ذلك. ينتقلون إلى واقع أكثر مرونة ومرونة

د. برنارد إروين فرديناند ريمان

يوضح مثال من الحياة الواقعية من عائلتنا بعض الظروف التي أثيرت أعلاه. في عام 1960. تم تعيين والدي الدكتور برنارد ريمان من قبل معهد أبحاث مقره سان دييغو لإنشاء أول مجهر إلكتروني في تلك المنشأة. كان عالم أحياء من خلال التدريب وخبير من الجيل الثاني في استخدام مثل هذه الأدوات المتقدمة. في هذه الحالة. تم تصنيع المجهر بواسطة شركة Siemens الألمانية. كان والدي قد تدرب في برلين. مركز تطوير تلك التكنولوجيا في ذلك الوقت كانت المهمة الأصلية لمدة عام واحد. ولكن. في ذلك الوقت. واجه شخص ما ترك النظام الأكاديمي الأوروبي صعوبات شديدة في العودة إليه. كانت هناك أيضًا منح بحثية يجب الحصول عليها في الولايات المتحدة. ومن لا يرغب في البقاء هنا؟ مثل معظم المهاجرين. واجه والدي تحديات. وشملت هذه تعلم اللغة الإنجليزية والعيش في بيئة غير مألوفة. بالإضافة إلى ذلك. في عام 1960 كانت نهاية الحرب العالمية الثانية 15 عامًا فقط بعد سنوات. لا يزال هناك افتراض شائع بأن جميع الألمان كانوا (ولا يزالون) تلقائيًا «نازيين». على الرغم من أن هذا التصور غير صحيح. إلا أنه غالبًا ما جعل التفاعلات المهنية والاجتماعية محرجة ومرهقة بلا داع بمجرد تأسيس والدي. تبعه باقي أفراد الأسرة. لقد كنا هنا منذ ذلك الحين. في نهاية المطاف. كان والدي لديه حياة مهنية طويلة في العمل كمدني في منشأة طبية تابعة لإدارة الجيش. كان هناك

من أوائل. الناس الذين استخدموا المجهر الإلكتروني كأداة تشخيصية للسرطان والأمراض الأخرى. مما سمح بعلاج طبي أفضل لأفراد الخدمة العسكرية وعائلاتهم. في نهاية فترة عمله في الخدمة المدنية. حصل والدي على وسام قائد الجيش للخدمة المدنية. تُمنح هذه الجائزة لموظفي الجيش الأمريكي الذين أسسوا نمطًا مستدامًا من التميز. قدم والدي أيضًا ما يزيد عن 70 مساهمة في الأدبيات العلمية. ظهر معظمها في المجلات البحثية التي راجعها النظراء. عند تقاعده. كتب ثلاثة كتب تستند إلى حد كبير إلى تجاربه كطفل ومراهق وشاب في ألمانيا. حتى في التقاعد استمر في النشاط والمشاركة بطرق إنتاجية أخرى. عاش في قرية صغيرة في نيو مكسيكو. وساعد في تطوير نظام مكالمات الطوارئ 911 هناك. كما ابتكر نظامًا لتنقية المياه صديقًا للبيئة والذي كان مهمًا في مكان تكون فيه المياه موردًا نادرًا.

توضح هذه القصة عدة نقاط. بالتأكيد. كانت هناك تحديات يجب التغلب عليها. على الرغم من أن هجرة عائلتنا كانت أسهل من هجرة العديد من الآخرين. لكن قصته تعكس الفوائد التي يمكن أن تجلبها الهجرة. سواء بالنسبة للأشخاص القادمين إلى بلد جديد أو لهذا البلد نفسه. يمكن القول إننا نتمتع بحياة أفضل مما كنا سنعيشه بخلاف ذلك. لكن والدي جلب أيضًا الخبرة التي كانت تفتقر إليها الولايات المتحدة في ذلك الوقت. ثم استخدم هذه المعرفة لزيادة الاستفادة من العلم والطب في طليعة التشخيصات الطبية الجديدة. أصوله لبلده المتبني لم تنته بالتقاعد. استخدم خبرته لمساعدة المجتمع الذي يعيش فيه.

الأسئلة

إذا كنت مهاجرًا تبحث عن عمل في بلدك الجديد. أو كنت شخصًا يساعد المهاجرين في هذه العملية. فقد يكون من المنطقي وضع خطة توظيف. الأسئلة الشائعة في مثل هذه الخطة هي كما يلي:

- ما نوع العمل الذي أحب القيام به؟
- ما هي المهارات والخبرة التي أمتلكها؟
- ما نوع التعليم الذي أحتاجه ليتم تعييني؟
- كيف يمكنني أن أظهر لأصحاب العمل المحتملين أنني سأكون جيدًا في الوظيفة؟

القياس

يرغب معظم الناس في العمل في وظيفة يستمتعون بها وتناسب شخصيتهم. يعد الانخراط فكريًا وعقليًا وحتى روحيًا في الوظيفة عاملاً محفزًا للنجاح. يؤدي أداء العمل إلى تقليل التغيب عن العمل بسبب الإجهاد والمرض والشعور بأن الراتب ليس كل ما يهم. يمكن أن تساعد عدة أنظمة في تحديد المجالات العامة التي قد يرغب الناس في العمل فيها والعمل المحدد الذي ينطوي عليه الأمر. تحدد قوائم جرد الفائدة بشكل منهجي المهن التي لها خصائص مشتركة معينة. يمكن أن يترجم العمل مع الآلات. على سبيل المثال. إلى مجموعة متنوعة من المهن في الهندسة والميكانيكا. تناسب الاهتمامات الفنية العديد من المجالات مثل الموسيقى والرسم والسينما. تشمل قوائم الجرد التي تربط بين ما تريد ومهن محددة مختلفة ومنها ما يدعى محزون الاهتمام القوي (أحد أكثر المقاييس شهرة) واستطلاع اهتمامات الطلاب للمجموعات المهنية بعضها متاح عبر الإنترنت (على سبيل المثال) بالنسبة للأشخاص الذين يجدون صعوبة في القراءة. يوجد جرد الاهتمامات المصورة واستطلاع المهنة بالصور. والعديد من قوائم الجرد هذه مجانية.

تتوفر بعض هذه المقاييس أيضًا بلغات متعددة بما في ذلك الألمانية والعربية والإسبانية (على سبيل المثال الجرد الشخصي العالمي وجرد الاهتمامات المهنية.

الموارد

لنفترض أنك حددت فئة عامة من المهن التي تناسب اهتماماتك وشخصيتك. الآن تريد استكشاف مختلف المهن التي تندرج تحت فئتك. من المحتمل أن يكون أحد الموارد غير المستغلة بشكل كافٍ للتعرف على الوظائف في الولايات المتحدة هو كتيب التوقعات المهنية لوزارة العمل. يمنحك ثروة من المعلومات حول المتطلبات التعليمية وغيرها من المتطلبات اللازمة لدخول مهنة. وما يفعله الناس في المهنة ومتوسط الأجر في نقاط مختلفة من حياة الشخص المهنية لتلك المهن. وإلى أي درجة هناك حاجة لوظيفة في المستقبل

يمكن العثور على كتيب الدليل عبر الإنترنت https://www.bls.gov/ooh/ تتعقب الموارد في الدول الأخرى أيضًا بيانات التوقعات المهنية. وتشمل هذه الموارد مراقب سوق العمل في المملكة المتحدة. والمركز الألماني لتطوير التدريب المهني. ومنظمة التعاون الاقتصادي والتنمية (OECD) (بيانات لـ 37 دولة).

7
المرونة والذكاء العاطفي

كما هو موضح في هذا الكتاب. يواجه المهاجرون عددًا من المواقف العصيبة أثناء قيامهم برحلة إلى بلد جديد ثم الاستقرار في ذلك البلد. تظهر الأدلة المتاحة أن الكثيرين يقومون بعمل أفضل من نظرائهم الذين يبقون في البلد. ومن المفارقات أيضًا أن أداء البعض أفضل من الجيل الثاني من اولادهم [81,86] والبعض الآخر ليس كذلك.

هذا يطرح الأسئلة التالية: ما هي الصفات التي تجعل بعض الناس يتكيفون بشكل أفضل من الآخرين؟ لماذا يعاني بعض الناس الذين تعرضوا لظروف صادمة من ردود أفعال عاطفية شديدة وطويلة الأمد بينما لا يعاني البعض الآخر؟ قد تساعدنا الإجابة على مثل هذه الأسئلة في إيجاد طرق لتعزيز النجاح. يستكشف هذا الفصل مثل هذه القضايا من خلال مناقشة الصفات الفردية والعوامل الثقافية.

تم تعريف المرونة النفسية على أنها القدرة العقلية والعاطفية على التعامل مع الأزمات. حتى إذا كان هناك رد فعل سلبي مبدئي. فإن المرونة تساعدنا على التعافي بسرعة أكبر من الأحداث الصادمة. المرونة هي القدرة على حماية نفسه من الآثار السلبية للتوتر. باختصار. الناس الصامدون أكثر قدرة على التزام الهدوء أثناء الأزمة. والتصرف بفعالية لمواجهته. وليس مستغرباً أن يكون المهاجرون الذين يتمتعون بمستويات أعلى من المرونة أكثر مناعة ضد التوتر المرتبط بالصدمات. [87]

كما هو موضح في هذا الكتاب. يمكن أن يواجه المهاجرون العديد من التحديات والضغوط في بلدهم الذي تم تبنيه. وتشمل هذه التمييز على أساس الصور النمطية السلبية والمفاهيم الخاطئة للمجتمع الأوسع.[88,89]

تحليل مفصل للحقائق الفعلية حول الهجرة يفضح مثل هذه الصور النمطية. على الرغم من ذلك. فإن الأساطير باقية. إن امتلاك القوة النفسية لمواجهة التصورات السلبية والتحمل على الرغم من الرافضين أمر بالغ الأهمية للراحة العاطفية والنجاح.

أظهرت الأبحاث أن بعض الالتزام بالمعتقدات الثقافية للبلد الأصلي يمكن أن يحمي الناس من المشاكل. فقد وصفت الأدبيات. على سبيل المثال. «مفارقة لاتينية» أو «مفارقة من أصل إسباني». ببساطة. تشير هذه الظاهرة إلى البحث الذي يُظهر أن الجيل الأول من الأمريكيين اللاتينيين يميلون إلى الحصول على نتائج صحية تعادل تقريبًا (أو أحيانًا أفضل من) نظرائهم «الأنجلو».[90] وتعتبر هذه مفارقة لأن الجيل الأول من اللاتينيين يميلون إلى لديهم متوسط دخل وتعليم أقل. وهي عوامل مرتبطة عمومًا بسوء الحالة الصحية وارتفاع معدلات الوفيات في جميع أنحاء العالم. في حين أن هذه الملاحظات كانت مرتبطة في البداية بالصحة البدنية (مثل السمنة والسكري) فقد لاحظت المزيد من الأبحاث اتجاهات مماثلة في الرفاه النفسي

بينما يبدو أن هذا السيناريو ينطبق بشكل خاص على الجيل الأول من السكان المهاجرين. ثم يصبح أقل وضوحًا في الأجيال اللاحقة

أظهر الجيل الثاني من اللاتينيين. على سبيل المثال. مخاطر أكبر من نظرائهم من الجيل الأول فيما يتعلق بالاكتئاب والقلق والتفكير الانتحاري واضطرابات السلوك واضطرابات السلوك والأكل وتعاطي المخدرات.[61,63] تم تحديد أنماط مماثلة للسكان المهاجرين من آسيا ومنطقة البحر الكاريبي .

لقد تم تحدي وجود هذه الظاهرة من قبل البعض. بناءً على قيود البحث (على سبيل المثال. التحيزات الإحصائية) التي تم استخدامها لتحديدها. وبغض النظر عن ذلك[91]. فقد لوحظ في العديد من الحالات أن مثل هذه الانتقادات ذات أثر محدود.

ما الذي يفسر هذه الظاهرة؟ جزئيًا. قد يكون. الناس الذين يرغبون في الهجرة (والذين ينجون) يميلون إلى أن يكونوا أكثر صحة وأكثر قوة واستمرارية من الناحية النفسية من أولئك الذين يبقون في البلد. بالإضافة إلى ذلك. قد يكون من المرجح أن يتمسك الجيل الأول من المهاجرين بالمعتقدات التقليدية المألوفة وبالتالي المهدئة. والتحذيرات الثقافية ضد تعاطي المخدرات. وكذلك الممارسات الغذائية التي اعتادت أجسادهم عليها أكثر من غيرها. بالإضافة إلى ذلك . قد تكون هناك تقاليد قوية حول التضامن الأسري والترابط مما ينتج عنه نظام دعم قوي.

من المرجح أن تتبنى الأجيال اللاحقة ممارسات عالية الخطورة بما في ذلك تعاطي المخدرات والتغييرات الغذائية (على سبيل المثال. الوجبات «الكبيرة» في ثقافة الوجبات السريعة). التحيزات والعوائق المجتمعية التي من المحتمل أن تحد من نجاحهم وبالتالي.

أكدوا من خلال وضعهم كأقلية. والتحيزات المترتبة ضدهم. والعوائق المجتمعية التي من المحتمل أن تحد من نجاحهم. وهكذا من المرجح أن ينخفض التفاؤل الذي دفع جيل الهجرة الأول عند الجيل الثاني من المهاجرين. باختصار. ان التمسك ببعض التقاليد العائلية وطرق التغذية التقليدية (لكن ليس الوجبات السريعة) هو صحي جسديًا ونفسيا.[90]

هناك مفهوم آخر يجب مراعاته لمعرفة من يتكيف بشكل أفضل وهو «الذكاء العاطفي». وهو القدرة على الإدراك والتحكم والتعبير عن مشاعر المرء بشكل فعال. تزيد هذه القدرة من فرصة أن نكون قادرين على التعامل في العلاقات

الشخصية بعمق وبتعاطف. غالبًا ما يُعتقد أن الذكاء العاطفي يتكون من خمس مكونات أساسية: الوعي الذاتي. والتنظيم الذاتي. والدافع الداخلي. والتعاطف. والمهارات الاجتماعية.[92]

ان الوعي الذاتي هو في الأساس القدرة على فهم عواطفنا ونقاط القوة والضعف والدوافع والقيم والأهداف. بالإضافة إلى ذلك. يتعين علينا بعد ذلك التعرف على كيفية تأثير تعبيراتنا في هذه المجالات على. الناس الآخرين. التنظيم الذاتي هو مدى قدرتنا على التحكم في أي مشاعر وانفعالات سلبية مزعزعة. علينا أيضًا أن نفكر في مدى تكيفنا مع الظروف المتغيرة (بالتأكيد عامل رئيسي للمهاجرين). تتضمن المهارات الاجتماعية قدرتنا على التعايش مع الآخرين. التعاطف هو الطريقة التي ننظر بها إلى مشاعر الآخرين عندما نتخذ القرارات. في هذا السياق. «الدافع» هو وعينا بما يدفع الآخرين.

إذا كنا قادرين على فهم هذه العوامل وتوازنها وتطبيقها. فمن المحتمل أن نكون أكثر ثقة. وأكثر فعالية مع الآخرين. وأقل توتراً. كما أن لديها القدرة على مساعدتك في قيادة الآخرين.

كيف تكتسب الذكاء العاطفي؟ إن تقديم دورة كاملة حول هذا الموضوع هو خارج نطاق هذا الكتاب. ولكن باختصار. يتطلب الأمر تقييمًا صادقًا لكيفية قيامك بالأشياء الآن وما إذا كانت هذه الأساليب الحالية تعمل أم لا. إذا لم يفعلوا ذلك. ففكر في تغيير عاداتك وأساليبك. إذا تلقيت ردود فعل سلبية من الآخرين. فحاول أن تضع نفسك في مكانهم حتى تجد التعاطف معهم والتعرف عليهم. بالإضافة إلى ذلك. ضع في اعتبارك كيف تستجيب للشدائد. إذا شعرت بالمعاناة. فهل هذا يحل المشكلة؟ كيف نتصرف هو شيء لدينا في سيطرتنا. ولكن هناك أشياء من الواضح أنها ليست في سيطرتنا (على سبيل المثال. تصرفات بعض . الناس الآخرين). تحمل مسؤولية أفعالك. إذا لزم الأمر. قدم الاعتذار وصحح الأخطاء. من المهم أن تعرف أن المرونة لا تمنحك من خلال التركيب الجيني. يتضمن

الصفات والمهارات التي يمكن تعلمها وممارستها بعناية.

كيف تبدو المرونة في الحياة الواقعية؟ فيما يلي مثال من ممارستنا السريرية: جاء زوج وزوجة إلى عيادتنا. كان لديهم ثمانية أطفال. كان كلا الوالدين من اللاجئين الصوماليين ولم يتلقوا أي تعليم رسمي على الإطلاق. كانت الزوجة معاقة بشدة بسبب اضطراب ما بعد الصدمة PTSD. وعمل الزوج بجد في وظائف وضيعة لتغطية نفقاتهم. ولم يتنازل أبدًا عن الوعد بحياة أفضل في الولايات المتحدة. وهذا بحد ذاته يستحق الكثير من الاحترام. ولكن ربما كان الإنجاز الأسري المدهش هو أنه في النهاية كان جميع أطفالهم الثمانية إما يحضرون أعلى 25% من الجامعات أو (للأطفال الأصغر سنًا) كانوا مسجلين في برامج المدارس الثانوية المتقدمة. في جيل واحد. انتقلت الأسرة من التعليم الرسمي المعدم حرفيًا إلى مستوى إنجاز تعليمي أعلى.

هناك عدة طرق يفكر بها أفراد الأسرة ويتعاملون بها في حياتهم هي المسؤولة عن هذا النجاح. كانت الأم معاقة بشدة. لكن الأب والأطفال كانوا أقوياء نفسيا. كان الأب. على وجه الخصوص. قادرًا على فهم ظروف الحياة الصعبة بطرق بناءة. يوضح أحد الأمثلة هذه النقطة: عند حصوله على الجنسية الأمريكية. سافر الأب إلى كينيا والتقى بأخ لم يره منذ سنوات عديدة. تحدثوا بإسهاب عن حياتهم والحب الذي تقاسموه مع عائلاتهم. مات الأخ في الليلة التالية. وبينما حزن الأب على هذا الحدث المفاجئ وغير المتوقع. أعرب عن امتنانه لفرصته في لقاء الأخ للمرة الأخيرة. لقد فسرها على أنها قدر. هبة من الله. بعبارة أخرى. لقد وجد طريقة إيجابية للنظر إلى الموقف.

اعتمد أفراد الأسرة أيضًا على قدراتهم الخاصة للنجاح في الولايات المتحدة. بينما هم يقبلون المساعدة حسب الحاجة. لم يتوقعوا أن يهتم بهم المجتمع الأمريكي الأوسع إلى أجل غير مسمى. بدلاً من ذلك. استعملوا مثابرتهم وإبداعهم وقدرتهم على التكيف والعمل الجاد لتحقيق النجاح.

أسئلة تطرحها على نفسك

فيما يلي بعض العبارات التي يمكنك التفكير فيها عند التفكير في المرونة والذكاء العاطفي. هل هذه العبارات صحيحة بالنسبة لك أم لا؟

- يمكنني الاعتماد على عائلتي وأصدقائي
- . أعلم أنني سأنجح في الحياة حتى لو كانت صعبة
- أعلم أنني سأنجح في الحياة حتى لو كانت صعبة
- . أطلب المشورة أو المساعدة من الآخرين في بعض الأوقات عندما أحتاج إليها
- اعتذر عند اللزوم
- أتحدث عند التحدث إلى وأميل إلى الابتسام عندما يبتسم الآخرون في وجهي
- أستطيع أن أعبر عن اختلاف في الرأي أو النقد أو الشكوى دون استعداء الآخرين.
- يمكن الاعتماد علي لأفعل ما أقول إنني سأفعله.
- أدلي ببيانات إيجابية عن نفسي وأظهر مفاهيم إيجابية.
- ألعايش مع الآخرين في تفاعلات المجموعة
- أقبل النقد البناء دون أن أغضب.
- أنا أفهم كيفية تجنب المشاكل مع الشرطة أو السلطات الأخرى
- يمكنني أن أفهم فهمًا واقعيًا لطرق التعامل مع المواقف.

- أشارك بنشاط في سلوك حل المشكلات
- .أنا أكمل وأشجع الآخرين.
- أنا أساعد الآخرين حتى بدون النظر في مكاسب شخصية.
- أقوم بإبداء آرائي وتفضيلاتي الخاصة.
- أشارك في المناسبات الاجتماعية وأشارك في وظائف وأنشطة المجموعة.
- أشارك بنشاط في سلوك حل المشكلات المتعلق بالمشكلات الشخصية أو العائلية أو الاجتماعية.
- أقوم بتقييم قدراتي وإنجازاتي بشكل واقعي.
- أنا أضع أهدافً واقعية لنفسي ,
- أعتقد أنني أجيد الكثير من الأشياء.

8

الكفاءة الثقافية

الكفاءة الثقافية هي القدرة على فهم النظرات الاجتماعية والثقافية التي يفهم من خلالها المهاجرون حياتهم اليومية ويتصرفون فيها. تساعد هذه الكفاءة البلدان والمجتمعات على العمل مع المهاجرين.

الكفاءة الثقافية موضوع معقد وواسع يستحق حقًا كتابًا خاصًا به. إنها ذات صلة بمجموعة متنوعة من المجالات بما في ذلك القضايا المتعلقة بالتنوع والشمول في الشركات والحكومة والمنظمات الأخرى والأعمال والتجارة الدولية واتخاذ القرارات القانونية والصحة العالمية وأي ظرف يتفاعل فيه . الناس من خلفيات وطنية وثقافية مختلفة. نقدم في هذا الفصل لمحة عامة أساسية عن الموضوع بالإضافة إلى بعض الأمثلة ذات الصلة من تجربتنا الخاصة. تتضمن هذه الأمثلة جهودًا بحثية تهدف إلى تحسينات السياسة الهيكلية مثل أفضل طريقة لترخيص مقدمي الرعاية الصحية وطرق تحسين الخدمات على مستوى المجتمع. بالإضافة إلى ذلك . نقدم مثالًا حالة عن كيف يمكن للثقافة أن تلعب دورها في البيئة السريرية. نأمل أن تثير تعليقاتنا شهيتك لمواصلة استكشاف هذه الساحة المهمة.

يُعرّف مكتب صحة الأقليات في الولايات المتحدة الكفاءة الثقافية على أنها «*امتلاك القدرة على العمل بفعالية كفرد ومنظمة في سياق المعتقدات والسلوكيات والاحتياجات الثقافية التي يقدمها المستهلكون ومجتمعاتهم*».[93]

نضيف أن الكفاءة الثقافية هي مهارة يجب تعلمها على هذا النحو . لا يتم منحه أو رفضه تلقائيًا من قبل عضويتك العرقية أو الإثنية أو الثقافية أو القومية أو أي مجموعة أخرى. بالإضافة إلى ذلك . كونك «مختصًا» لا يعني أنك خبير (أو تتحدث باسم) مجموعة ثقافية معينة. هذا يعني فقط أن لديك ما يكفي من الوعي والمهارة لتكون فعالاً بشكل معقول إنها خطوة واحدة في عملية تبدأ بالجهل بالثقافات الأخرى وتنتقل إلى الكفاءة في التفاهم والعمل مع أشخاص من ثقافات أخرى.

تتضمن الكفاءة الثقافية بشكل أساسي ثلاثة أبعاد: 1) المعرفة الثقافية حول مجموعة معينة . 2) الوعي بالمواقف والمعتقدات التي لديك تجاه . الناس الذين ينتمون إلى ثقافة مختلفة عن ثقافتك . و 3) مهارات في بناء و استخدام العلاقات المناسبة ثقافيًا والتقييم والتعامل مع المهن المساعدة . يشمل ذلك الاهتمام بممارسات العلاج الفعالة ثقافيًا وتعزيزها والوصول إلى مجموعة متنوعة من الخدمات (مثل المترجمين المؤهلين أو الخبراء القانونيين).[88]

وفقًا لبيان بعثة الجمعية الأمريكية لعلم النفس (APA). يجب أن تكون الكفاءة الثقافية مبدأً متأصلاً تقوم عليه جميع الخدمات التي يؤديها علماء النفس. جزئيًا . تنطبق هذه الفرضية على الأفراد من الجماعات الإثنية والعرقية المتميزة ثقافيًا و / أو لغويًا وتشمل على وجه التحديد المهاجرين.[88]

إذاً ماذا تعني الكفاءة الثقافية؟ كثير من الناس من مجموعات متميزة ثقافيًا ولغويًا لديهم تجارب سيئة مع مقدمي الرعاية الصحية والخدمات الاجتماعية. وقد نشأت ردود الفعل هذه بسبب لقاءات سلبية تتراوح بين عدم الحساسية الأساسية للانتهاكات الجسيمة لحقوق الإنسان.[94] وقد أدى ذلك إلى عدم الثقة بالنصائح الطبية مثل أخذ لقاح COVID-19 [95] بالإضافة إلى ذلك . تحد المحرمات الثقافية من رغبة بعض الناس في المشاركة في التقييم والعلاج. جهود. لتغيير ذلك . بناء العلاقة والاحترام أمر بالغ الأهمية في حين أنه قد يكون غير بديهي. فإن الطريق إلى الكفاءة الثقافية يبدأ بفهم الذات بدلاً من التواصل مع أشخاص من مجموعات أخرى. في كثير من الأحيان. يمكن للأشخاص ذوي النوايا الحسنة أن يكونوا متحيزين ومفاهيم مسبقة عن أولئك المختلفين حتى عندما تكون هذه التحيزات غير مقصودة وتتعارض مع نظرتنا لأنفسنا. لكن هذه ليست مشكلة مستعصية على الحل. إذا قبلت حقيقة أن لدينا جميعًا بعض التحيزات. فقد اتخذت الخطوة الأولى والأكثر أهمية نحو الكفاءة الثقافية.[88]

توضح هذه النقطة دراسة الأطباء التي نشرناها منذ فترة ما. المعلومات الأساسية التي تم الحصول عليها ولا تزال صالحة اليوم. وجدت نتائجنا أن التعرض البسيط للمجموعات العرقية في المزاولة السريرية. في حد ذاته . لا يسهل الرعاية الاختصاصية ثقافيًا. بدلاً من ذلك . كان الدافع المباشر وراء هذه الرعاية هو 1) قدرتنا على إدراك أن العوامل الثقافية تمثل اعتبارًا مهمًا في الرعاية الصحية و

2) الوعي بأن التحيزات الشخصية حول المجموعات الثقافية يمكن أن تمنعنا من تقديم الخدمات المهنية الأكثر فعالية.[96]

من الصعب قبول كوننا جميعًا لدينا تحيزات. بغض النظر عن مدى عدم قصدها. قد يكون رد الفعل الشائع هو «... لست أنا. أنا لا أفعل ذلك ...» ولكن بدون الاعتراف بأفكارنا المسبقة . يمكن أن تصبح جهودنا لفهم المجتمعات المختلفة تمرينًا فيما نطلق عليه أحيانًا «مشاهدة الثقافات في استعراض» في تدريبنا على الكفاءة الثقافية. بمعنى آخر. نحن نختبر الأطعمة التقليدية لمجموعة معينة . والموسيقى . واللباس. والعادات من الهامش ثم نحكم عليها من خلال خلفيتنا الخاصة. على النقيض من ذلك . فإن التعرف على تحيزاتنا يساعدنا على تعليق هذا الميل والسعي لفهم عادات المجتمع من وجهة نظره الخاصة .[97]

من المهم أن نلاحظ أن الكفاءة الثقافية لا تتطلب منا أن نقبل تلقائيًا جميع السلوكيات التي يدعي الناس أنها تقليدية. العدالة الاجتماعية الأساسية هي اعتبار مهم. ببساطة. لا توجد مزاعم ثقافية أو دينية أو غير ذلك من الادعاءات التي تبرر العنف ضد الآخرين أو إخضاعهم. ومع ذلك. فإن إدراكنا لتحيزاتنا المحتملة يساعدنا على فصل الوظيفة عن الاختلال الوظيفي داخل ثقافتنا وكذلك في الثقافات الأخرى.

بعد مراجعة بعض الأساسيات . يمكننا الآن مناقشة بعض الاعتبارات الأساسية في إطار الكفاءة الثقافية. إليك بعض الأشياء التي كان علينا التفكير فيها.

خدمات اللغة والترجمة الشفوية: من يقدم هذه الخدمات؟ هل نستعين بمترجمين فوريين محترفين أم أفراد عائلتنا؟ هل يعرف المترجمون الفوريون المحترفون اللهجات الإقليمية للأشخاص الذين نعمل معهم؟ أحيانًا يكون الأقارب البالغون هم الخيار الأكثر قابلية للتطبيق. لكن استخدام الأطفال أو المراهقين في دور المترجم الفوري ليس فكرة جيدة على الإطلاق. هذه الاعتبارات مهمة في الرعاية الصحية. والقضايا القانونية المتعلقة بالمهاجرين. والخدمات الحكومية. وفي العديد من الأماكن الأخرى.

الممارسات الغذائية: هل خضع . الناس لتغييرات في النظام الغذائي مع التثاقف مما أدى أو يمكن أن يؤدي إلى مشاكل صحية (مثل السمنة ومرض

السكري من النوع 2؟)

كيف يتم وصف المشاكل: في بعض الحالات. يتم وصف الأعراض النفسية بعبارات جسدية لأن هذه هي الطريقة التي يتم إدراكها بها وأكثر قبولًا اجتماعيًا. (من الأفضل أن تكون مريضًا وليس مجنونًا).

ضع في اعتبارك لغة الجسد: على سبيل المثال. تختلف الممارسات حول التواصل البصري والمصافحة عبر الممارسات الثقافية والدينية.

ديناميات الأسرة والطقوس الاجتماعية: يمكن أن تتغير أدوار الأسرة مع الهجرة والتثاقف اعتمادًا على أصحاب الدخل المالي أو أفراد الأسرة الذين تعلموا اللغة الجديدة بسرعة أكبر. في كثير من الأحيان. يتدخل الأطفال في الأسرة لمساعدة البالغين على فهم السكان المحليين. ومع ذلك. فإن هذا يمثل مشكلة في الرعاية الصحية والخدمة الاجتماعية والاقتصادية والقانونية وغيرها من المناقشات حيث يتم تناول المعلومات التي لا ينبغي مشاركتها مع الأطفال.

الوضع الاجتماعي والاقتصادي: على غرار ديناميكيات الأسرة. يمكن أن يتغير الوضع الاجتماعي والاقتصادي مع الهجرة. فجأة . يقود الطبيب أو المحامي السابق في البلد الأصلي سيارة أجرة في البلد الجديد. حتى لو كان ذلك مؤقتًا . فقد يستغرق هذا الدور بعض التعديل.

الجنس: قد يكون وجود طبيب أو مقدم رعاية آخر يتناسب مع جنس المريض من الأولويات. خاصة في حالة الفحوصات الجسدية. غالبًا ما يكون هذا صحيحًا بغض النظر عن الثقافة ولكنه قد ينطوي على محرمات دينية أو اجتماعية خاصة في بعض الظروف. من المهم أيضًا أن يكون هناك مقدمو خدمات خبراء في القضايا المتعلقة بالهوية الجنسية يشاركون في الحالات التي يكون فيها ذلك مصدر قلق. بالإضافة إلى ذلك. من المهم معرفة من يميل إلى أن يكون المدافع عن الرعاية الصحية (على سبيل المثال. الذي يحث الأزواج والأطفال على الحصول على الرعاية) في مختلف الثقافات

السماح للناس بمعرفة الخدمات: كيف يخبر مقدمو الخدمة الناس عن الخدمات المتاحة؟ ما هي الأساليب التي تعمل بشكل أفضل عندما نحاول إعلام المجتمع من خلال التوعية والتعليم؟ السماح للأشخاص بمعرفة أن الخدمات عادة ما تكون سرية. وأن الحدود القانونية لهذه السرية هي عوامل مهمة. من

الواضح أن وجود موظفين يتحدثون لغة المجتمع أمر بالغ الأهمية.

ما هي طرق التشخيص والعلاج المطبقة؟ بالنسبة للرعاية الصحية وخاصة ممارسي الصحة العقلية. من المهم بالنسبة لك أن تعرف أن اختبارات التقييم التي تستخدمها صالحة للأشخاص من خلفيات ثقافية مختلفة

وهذا يشمل استخدام اللغة الصحيحة. ولكنه يتطلب منا أيضًا أن نعرف كيف تفهم الثقافات المختلفة الصحة والمرض.

ماذا يحدث في الحالات التي لا تمارس فيها الكفاءة الثقافية؟ فيما يلي مثالان حقيقيان فقط ندركهما:

1. قدم أحد عملائنا طلبًا للحصول على خدمات اجتماعية على أساس اضطراب عقلي. حُرمت من المساعدة لأنها كانت ترتدي ألوانًا زاهية في اجتماع واحد حيث تم تحديد أهليتها. كان الافتراض أن . الناس المصابين بالاكتئاب يرتدون ملابس لطيفة تعكس مزاجهم الكئيب. كانت السيدة من أصول صومالية حيث كانت الفساتين ذات الألوان الزاهية هي القاعدة. كما كانت ترتدي ملابس أقربائها لمثل هذا الموعد المهم

2. أخبرنا عميل آخر بتغيبه عن موعد مع طبيب جديد. وعندما سُئلت عن سبب حدوث ذلك. ردت بأنها حضرت في الوقت المحدد ولكنها حصلت على وثائق باللغة الإنجليزية لإكمالها قبل أن يتمكن الطبيب من رؤيتها. بينما كانت هذه العميلة تتحدث بعض اللغة الإنجليزية . لم تكن متعلمة. لم يكن هناك أحد في منطقة الانتظار يمكنه مساعدتها . وبدا موظفو العيادة الأمامي مشغولين. وبالتالي . خرجت العميلة للبحث عن شخص يمكنه مساعدتها. بحلول الوقت الذي عادت فيه إلى عيادة الطبيب . كان الوقت قد فات بالنسبة لها. لا يقتصر هذا النوع من السيناريو على الرعاية الصحية. تحدث مشاكل اللغة ومعرفة القراءة والكتابة أيضًا في الأعمال والحكومة والقانونية والمالية والعديد من الظروف الأخرى.

كما يتضح من المثالين أعلاه . فإن تحقيق الكفاءة الثقافية . ناهيك عن الخبرة الثقافية . أمر مهم ويتطلب منا معالجة العديد من العناصر. لمساعدة كل من الأفراد والمنظمات . طور مكتب صحة الأقليات بالولايات المتحدة المعايير الوطنية للخدمات الملائمة ثقافيًا ولغويًا في الرعاية الصحية والصحية (ويعرف أيضًا باسم معايير CLAS). توفر هذه المعايير إطارًا يعمل على تحسين جودة الرعاية الصحية وتعزيز المساواة الصحية داخل المنظمات التي تخدم المجتمعات المتنوعة بشكل متزايد في الولايات المتحدة. المبدأ الغالب هو «توفير رعاية وخدمات فعالة ومنصفة ومفهومة ومحترمة تستجيب لمعتقدات وممارسات صحية ثقافية متنوعة . ولغات مفضلة . ومحو الأمية الصحية . واحتياجات اتصال أخرى». [98]

على الصعيد الدولي . أكدت الأبحاث والدعوة حول الكفاءة الثقافية أيضًا على أهمية الصحة العالمية. بعبارة أخرى . نحتاج إلى فهم الصحة والمرض في سياق السكان الذين يهاجرون . وتغير المناخ . والعلاقات الاقتصادية العالمية التي تسهل السفر . وعوامل أخرى. يركز هذا المنظور على المناهج متعددة التخصصات التي تجمع بين السياقات الوبائية والثقافية والمالية والبيئية والعرقية والسياسية والقانونية. على الرغم من أنها طموحة للغاية . إلا أنها تدرك أننا نعيش في عالم مترابط تكون فيه الصحة والعافية قضايا عالمية وليست قضايا كل بلد على حدة. [99]

على مر السنين. بالإضافة إلى مزاولة علم النفس الإكلينيكي و أبحاث الصحة العامة . قمنا نحن المؤلفين بإجراء تدريب في الثقافة مهارة. في حين أن هؤلاء كانوا في كثير من الأحيان في مجال الرعاية الصحية . إلا أنهم كانوا كذلك تورط المحامون وأرباب العمل والوكالات الحكومية وخدمة الإسكان مقدمي وغيرها من الإعدادات. على مر السنين أجرينا أيضًا ملف عدد تقييمات المجتمع التي حددت الاحتياجات المحددة لمجموعات المهاجرين والمواقع النائية داخل الولايات المتحدة كانت هذه الجهود أجريت لتقليل الفوارق الصحية. أردنا مساعدة مجموعات من الناس . ولا سيما المهاجرين . الذين عانوا منه بشكل منهجي المزيد من العقبات أمام الرعاية الصحية والخدمات الأخرى بسبب العديد من ظروف. وشملت هذه انتمائهم العرقي أو العرقي الأصول القومية والأديان والوضع الاجتماعي والاقتصادي والجنس والعمر والصحة العقلية و الإعاقات والتوجه الجنسي أو الهوية الجنسية والموقع الجغرافي. [100]

كان **مشروع سلام *Salaam*** [101] في الأساس تقييمًا نفسيًا للاحتياجات الصحية العامة ركز على أفراد مجتمعات الشرق الأوسط وشمال إفريقيا وشرق إفريقيا في سان دييغو بعد ذلك .

سنصف ثلاثة من المشاريع التي طورناها ونفذناها من أجل تسليط الضوء على كيفية تأثير بعض المفاهيم التي تم تناولها أعلاه في حياة الأفراد الذين يواجهون احتياجات وظروف معينة. وصفنا هذه المشاريع ثم لخصنا النقاط الأكثر صلة التي يمكن لمقدمي الخدمات وخبراء السياسة والإداريين والمشرعين ومطوري المجتمع والمهاجرين أنفسهم أن يأخذوها منهم.

لقد كان جهدًا مشتركًا شمل أشخاصًا من خلفيات متنوعة. من الناحية التنظيمية. اشتملت على شراكة بين مؤسسة أكاديمية - كلية الدراسات العليا للصحة العامة بجامعة ولاية سان دييغو - ومؤسسة دينية . المركز الإسلامي في سان دييغو (ICSD). تضمن المشروع تجارب أعضاء الفريق الفرديين المرخصين لأطباء الصحة العقلية ومقدمي الرعاية الطبية (بعضهم فعل ذلك في بلدان متعددة). وآخرين ممن لديهم معرفة وثيقة الصلة بهذه المجتمعات. باختصار. جمع المشروع ودمج خبرات الأكاديميين والعاملين في مجال الخدمات الصحية و الناس الذين اندمجوا في المجتمعات التي أردنا مساعدتها.

تم تطوير مشروع سلام لأنه في أوائل العقد الأول من القرن الحالي. أصبح أولئك الذين مارسوا علم النفس الإكلينيكي منا أكثر وعيًا بالمعاناة العاطفي بين أفراد مجتمعات الشرق الأوسط وشمال إفريقيا وشرق إفريقيا في سان دييغو. وصف العملاء الأفراد التجارب السلبية وكيف كانوا يحاولون التعامل مع مثل هذه التجارب في حياتهم اليومية. بين المهاجرين . سجل تاريخ من التجارب المعاكسة الاضطهاد والسجن والتعذيب في بلدانهم الأصلية. وصف هؤلاء العملاء أيضًا تعرضهم للمضايقات والتمييز في الولايات المتحدة. وأخبرونا أيضًا أن مثل هذه الحوادث قد تصاعدت ردًا على الهجمات الإرهابية في 11 سبتمبر 2001 في نيويورك والهجمات الإرهابية اللاحقة في أجزاء مختلفة من العالم . والأعمال العسكرية الأمريكية في العراق وأفغانستان.

كانت بعض النتائج الرئيسية التي توصلنا إليها على النحو التالي: تعرض عدد كبير من مهاجري سان دييغو من مناطق الشرق الأوسط وشمال إفريقيا وشرق إفريقيا للاضطهاد في بلدانهم الأصلية. بالإضافة إلى ذلك . أفاد أعضاء

من هذه الخلفيات الذين هاجروا إلى سان دييغو عن مستويات ملحوظة من المضايقات والتمييز وجرائم الكراهية. كانوا يميلون إلى القول إن المضايقات كانت تستند إلى معتقداتهم الدينية . وطريقة مظهرهم وملابسهم . وانتمائهم الثقافي إلى مجموعتهم العرقية. بالنسبة للعرب والمسلمين . تم الإبلاغ عن الزي التقليدي في أغلب الأحيان بسبب شعورهم بأنهم مستهدفون. لم يتم استثناء أعضاء الجماعات الأخرى بما في ذلك المسيحيون الكلدان. (الكلدان هم جزء من الكنيسة الكاثوليكية ولهم أصولهم في الشرق الأوسط . خاصة في شمال العراق وجنوب شرق تركيا وشمال شرق سوريا.) تراوحت التجارب المحددة من أشكال خفية من التمييز إلى المواجهات العنيفة. أبلغ المراهقون والأطفال عن مستويات ملحوظة من التنمر والمضايقة . غالبًا في مدارسهم من زملائهم في الفصل. كما أبلغ الأطفال عن التعليقات النمطية والمؤذية التي أدلى بها معلميهم. فقط نسبة صغيرة ممن تعرضوا للمضايقات والتمييز أبلغوا بذلك لأي شخص. كانت الأسباب الشائعة لقرار عدم الإبلاغ هي عدم معرفة الجهة التي يجب إبلاغها . والاعتقاد بأن الإبلاغ عنها لن يكون فعالاً. والرغبة في عدم لفت الانتباه إلى أنفسهم. في الواقع من بين البالغين الذين أبلغوا عن تجارب سلبية . كان 12 % فقط راضين عن النتيجة من بين المهاجرين. أفاد أولئك الذين عانوا من الاضطهاد في بلدانهم الأصلية من وجود صعوبات نفسية مرتبطة بالصدمات أكثر من أولئك الذين ليس لديهم مثل هذه التجارب. أفاد أولئك الذين يعانون من تجارب الصدمة في كل من بلدهم الأصلي وفي الولايات المتحدة عن صعوبات نفسية أكثر من أي شخص آخر في المجموعات. كانت المشاكل العامة التي وصفها البالغون في أغلب الأحيان هي الصعوبات في التعبير عن المشاعر ومشاكل العمل والشعور بالعجز وصعوبة التركيز والعصبية والشعور بالانفصال عن الآخرين ارتبطت تجارب الاضطهاد في وطن الشخص بشكل خاص بأفكار الموت وصعوبات التعبير عن المشاعر. أولئك الذين عانوا من التعذيب غالبًا ما يعانون من الانفصال عن الآخرين والغضب تجاه الذات. ارتبط التحرش في الولايات المتحدة بشكل خاص بالغضب والوحدة والشعور بالذنب والمشاكل الزوجية. كما تم وصف صعوبات العمل وزيادة الخلاف الأسري بين المجموعة. وشمل ذلك بعض التقارير عن العنف الأسري والطلاق.

غالبًا ما وصف الشباب آباءهم بأنهم غير متاحين للتحدث معهم حول مشاكلهم. أقر كل من المراهقين والبالغين بزيادة التواصل والفجوات العاطفية

بين الآباء وأطفالهم. حاول أولئك الذين لديهم قناعة دينية قوية التعامل مع التوتر في المقام الأول من خلال الصلاة. لكن الكثيرين أقروا أيضًا بأن هذا كان مجرد حل جزئي. وبحسب ما ورد نفى آخرون وجود أي صعوبات لأنهم رأوا أن التوتر يمثل نقطة ضعف شخصية ويخشون أن يتم اعتبارهم «مجنونًا». غالبًا ما رأى أعضاء مجتمعات الشرق الأوسط وشمال إفريقيا وشرق إفريقيا في سان دييغو أن خدمات الصحة العقلية الرسمية غير متاحة لهم. يعود السبب في ذلك جزئيًا إلى نقص مقدمي الخدمات الأكفاء ثقافيًا ولغويًا. بالإضافة إلى ذلك . فإن وصمة العار الثقافية المرتبطة بالمشاكل العاطفية جعلت الناس يترددون في طلب الرعاية. مثل مجموعات المهاجرين الأخرى . كان الجيل الأول من المهاجرين من الشرق الأوسط وشمال إفريقيا وشرق إفريقيا أقل قدرة على الوصول إلى التأمين الصحي مقارنة بالسكان الأمريكيين الأوسع. امتدت هذه المشكلة إلى أطفالهم ومراهقيهم . وخاصة أولئك الذين لديهم مهارات محدودة أو معدومة في اللغة الإنجليزية. وصف هؤلاء . الناس أنفسهم أيضًا صعوبات أكبر في العثور على طبيب وتحديد المواعيد الطبية. أخيرًا . قال 60% من المشاركين في الاستطلاع إنهم توقفوا عن زيارة طبيب أو عيادة أو مستشفى معين بسبب سوء المعاملة التي تلقوها.

كانت نتيجة مشروع سلام أننا . كتقرير مكتوب . تمكنا من توزيع المعلومات حول احتياجات مجموعة كبيرة من المهاجرين من . الناس الذين لم تكن ظروفهم مفهومة جيدًا. قدمنا أيضًا توصيات رئيسية وصفت كيف يمكن مساعدة هذا المجتمع. أخيرًا. عقدنا اجتماعًا كبيرًا مع أعضاء المجتمع وسلطات إنفاذ القانون للتعامل مع جرائم الكراهية. حيث شاركنا نتائجنا سمح ذلك للمشاركين بمعرفة أننا قد سمعناهم ومنحهم الفرصة لإعطائنا ملاحظات إضافية.

كان **مشروع *الصحة المجانية Salud Libre*** [102] عبارة عن تقييم لاحتياجات الصحة العقلية بين المجتمعات المكسيكية الأمريكية في الغالب الريفية والمهاجرة إلى حد كبير من أصل مكسيكي في إمبريال فالي بكاليفورنيا. تم إجراء التقييم من قبل نظام عيادة المجتمع المحلي بدعم كبير واستشارة منا كان تقييمنا مدفوعًا بمعرفة العيادة المجتمعية بمحيطها الريفي. تُظهر أفضل البيانات الوطنية أن. الناس الذين يعيشون في مثل هذه الأماكن يواجهون حواجز كبيرة في الوصول إلى الرعاية الصحية. غالبًا ما يكون دخلهم الأسري

أقل وأقل عرضة للتغطية بالتأمين الصحي من نظرائهم في المناطق الحضرية. بالإضافة إلى ذلك. يتوفر عدد أقل من مقدمي الخدمات المهرة في المناطق الريفية مقارنة بنظرائهم في المناطق الحضرية. يواجه اللاتينيون الخطر المزدوج المحتمل المتمثل في العجز في الخدمة الإقليمية والعرقية هذه الظروف صحيحة بالنسبة للرعاية الصحية العقلية والبدنية. على الصعيد الوطني. تم الاستشهاد بخدمات الصحة النفسية المحدودة للسكان الريفيين والمتميزين ثقافيًا على أنها تسبب العديد من المشكلات. قلة من الناس يحصلون على أي رعاية على الإطلاق. أولئك الذين يحصلون على المساعدة يميلون إلى القيام بذلك لاحقًا أثناء مرضهم. تشمل العواقب أعراضًا أكثر شدة واستمرارية وإعاقة يكون علاجها أكثر تكلفة مما لو كان التدخل مبكر يتألف تقييم Salud-Libre من البيانات التي تم جمعها من خلال الاستطلاعات ومجموعات التركيز المنظمة والمقابلات مع أصحاب المصلحة الرئيسيين. تم إجراء الأنشطة باللغتين الإسبانية والإنجليزية عبر العديد من المواقع التي تمتد عبر مقاطعة إمبريال. جمعت الاستطلاعات الديموغرافية والتثاقف وأعراض الصحة العقلية والوصول إلى الخدمة والاستفادة منها وتفضيل الرعاية والمعلومات ذات الصلة كان الاقرار بأن سكان إمبريال فالي يتعرضون لضغوط كبيرة هو أحد النتائج الرئيسية. وشملت هذه الضغوطات الاقتصاد غير المستقر. وحرارة الصيف الشديدة والعزلة. والأمراض الجسدية. كانت أعراض الصحة النفسية الأكثر شيوعًا تتعلق بالقلق والاكتئاب والإحباط. بالإضافة إلى ذلك. غالبًا ما يصف الناس الصعوبات البدنية التي يميلون إلى ربطها بالمشاكل العاطفية. يبدو أن النساء والمراهقين وكبار السن وأولئك الذين كانوا أقل تعليماً وأولئك الذين لا يتحدثون الإنجليزية أو يعرفونها قليلاً هم الأكثر عرضة لخطر المعاناة العاطفية. تسببت الضغوطات وأعراض الصحة العقلية في تفاقم الإعاقات في أنشطة الحياة اليومية في المدرسة والأسرة. كان الخلاف الأسري شائعًا بشكل خاص. هذا في بعض الأحيان أدى إلى سوء المعاملة والطلاق والتبعات القانونية والهجرة بالإضافة إلى ذلك. كان عدد غير المؤمن عليهم مرتفعًا مقارنة بالأرقام المعلنة على المستوى الوطني. عدد قليل جدًا من مقدمي الخدمات المؤهلين ثقافيًا ولغويًا. والمحرمات الثقافية ضد الخدمات. ونقص المعرفة حول خيارات علاج الصحة العقلية كانت أيضًا عوائق رئيسية. واجه متحدثو اللغة الإنجليزية المحدودون بعضًا من أكبر الحواجز. كانت المكسيك هي المصدر الأكثر شيوعًا للصحة العقلية والرعاية الصحية الذاتية الجسدية. قدم هذا الخيار بعض

الوصول المطلوب. ولكن هناك ضمانات أقل حول بعض العلاجات والأدوية في المكسيك مقارنة بالولايات المتحدة. وهذا على سبيل المثال. أثار مخاوف (على سبيل المثال . بين الأطباء) بشأن استخدام الأدوية التي يمكن الحصول عليها في المكسيك ولكن لم تتم الموافقة عليها في الولايات المتحدة.

أظهر مشروع الصحة المجانية ***SaludLibre*** أنه من المهم النظر إلى مجتمعات معينة داخل البلد الأكبر أثناء تقييمنا لاحتياجات المهاجرين. حيث توجد بيئتان في الولايات المتحدة . تميل المجتمعات الريفية إلى القليل من القواسم المشتركة مع المناطق الحضرية الكبيرة. كلاهما يستحق الاهتمام الدقيق لظروفهما الفريدة. على سبيل المثال . من المرجح أن يكون التفاعل بين الثقافات عندما يأتي المهاجرون إلى مدينة نيويورك مقابل إمبريال فالي بكاليفورنيا مختلفًا تمامًا. وهذا يدفع إلى الحاجة لأنواع مختلفة من تنمية المجتمع.

الطرق التي استخدمناها في مشروع SaludLibre و Project Salaam تشترك في بعض الأشياء. أثناء التعامل مع مواقع ومجموعات مهاجرين مختلفة . تضمن كلاهما مهنيين من خلفيات مختلفة ولديهم مجموعة متنوعة من الخبرات (على سبيل المثال. الأوساط الأكاديمية والممارسات السريرية والرعاية الصحية المجتمعية) لمعالجة مشاكل جنوب كاليفورنيا المحلية. أظهر هذا المزيج كيف يمكن لأعضاء الفريق من خلفيات مختلفة معالجة المشكلات إذا عملوا معًا على قدم المساواة.

مشروع من نوع مختلف:

في حين أن المثالين الموصوفين أعلاه يستلزمان تقييم الاحتياجات المجتمعية. فقد أجرينا أيضًا أمثلة أخرى ركزت على الأنظمة المستخدمة لمقدمي الرعاية الصحية المؤهلين. كان سؤالنا الأساسي هو: هل تقيّم أنظمة التأهيل هذه ما إذا كان مقدمو الخدمة مدربون جيدًا في الظروف الثقافية التي تؤثر على الرعاية؟

الكفاءة الثقافية في ترخيص محترفي الرعاية الصحية [103] كان مشروعًا برعاية وزارة الصحة والخدمات الإنسانية الأمريكية . مكتب صحة الأقليات (OMH). حقق عملنا في الدرجة التي تم بها تقييم الكفاءة الثقافية من خلال عمليات الترخيص والامتحانات لمختلف تخصصات الخدمات الصحية استلزمت «الكفاءة الثقافية» الدرجة التي تشمل فيها اختبارات ترخيص الرعاية الصحية الوطنية الرئيسية والإجراءات الأخرى:

أ) أسئلة صالحة للمحتوى تتناول التنوع البشري.

ب) وفحوصات أولية ومستمرة للصلاحية مصممة لتقييم ما إذا كانت إجراءات الفحص و / أو مواده ذات تأثير سلبي على أعضاء الجماعات المتميزة لغوياً وثقافياً. بالإضافة إلى ذلك . تضمن التقرير مراجعة المناهج الحالية للامتحانات الشفوية والعملية . وتقييم التصورات حول محتوى الاختبار . والإنصاف . وغيرها من القضايا ذات الصلة بين المرشحين من مجموعات متميزة ثقافيًا ولغويًا. أخيرًا . قدم المشروع توصيات بحثية وسياساتية وحدد العوائق القائمة التي تعرقل الجهود المبذولة لتحسين الكفاءة الثقافية في الترخيص.

بالنظر إلى مهمة مكتب صحة الأقليات OMH هي تحسين وحماية صحة الأقليات العرقية والإثنية. ركز التقرير إلى حد كبير على هذه المجموعات. لم يشمل مشروعنا فحوصات التخصصات مثل العلاج بتقويم العمود الفقري . وقياس البصر. والصيدلة والعلاج الطبيعي والرعاية التنفسية والتمريض المهني. وبدلاً من ذلك. ركزت على سبعة مجالات مهنية رئيسية من أجل بدء عملية تسلط الضوء على مجموعة مناهج وممارسات الاختبار المستخدمة حاليًا. كانت هذه اختبارات للأطباء وأطباء تقويم العظام وعلماء النفس والمرضات المسجلين وأطباء الأسنان والأخصائيين الاجتماعيين والمستشارين المعتمدين على المستوى الوطني. كنا نأمل أن يحفزالتقرير بحثًا ومناقشة أوسع حول الكفاءة الثقافية في ترخيص مهنيي الرعاية الصحية دفعت اعتبارات الخلفية التالية إلى مشاركتنا في المشروع في ذلك الوقت: في حين أن توفير الرعاية الصحية المختصة ثقافيًا هو التزام كل مزود . تشير الأدبيات الإضافية إلى أن القوى العاملة المتنوعة للرعاية الصحية من المرجح أن تعزز وتوسع الوصول إلى الخدمة. نحن. على سبيل المثال. نعلم أن مقدمي الرعاية الصحية من أمريكا اللاتينية والسود يميلون إلى العمل مع أعداد أكبر من المرضى من المجموعات المحرومة تقليديًا من نظرائهم البيض. أشارت الدراسات أيضًا إلى أنه . مع تساوي العوامل الأخرى. فإن التطابق العرقي بين مقدم الخدمة والمريض / العميل يميل إلى زيادة رضا المستهلك واستخدام الخدمة.[104] وقد زادت بعض البرامج والمؤسسات التعليمية من تركيزها على جهود «خط الأنابيب» التي تجذب المواهب المتنوعة إلى وظائف الرعاية الصحية (على سبيل المثال. مراكز

التميز من أصل إسباني) وعلى العكس من ذلك. تؤكد الأدبيات الموجودة أن السياسات التي تعرقل توظيف وتعليم العاملين في مجال الرعاية الصحية من السكان المتميزين ثقافيًا تقلل من إمكانية الحصول على الرعاية الصحية لمن هم في الطرف الأدنى من الطيف الاجتماعي والاقتصادي ومن يُسمون بـ«الأقليات». [105] النقص المستمر في المتخصصين في الرعاية الصحية من المجموعات المتميزة لغويًا وثقافيًا يجعل هذه القضايا حرجة بشكل خاص.[106] راجع الصفحة 10 للمزيد. أحد مجالات الرعاية الصحية التي لم يتم التحقيق فيها بشكل كبير هو الدور الذي تلعبه طرق وإجراءات الترخيص المهنية في تعزيز أو إعاقة الجهود المبذولة لزيادة قاعدة مقدمي الخدمات المؤهلين ثقافيًا. تشير الأبحاث الحالية إلى أن. الناس من مختلف المجموعات العرقية يتصرفون بشكل مختلف في امتحانات الترخيص. على سبيل المثال. أفاد داوسون سوندرز وإيواموتو وروس وزملاؤهم [107] أن اختبار الترخيص الطبي للولايات المتحدة (مختصر USMLE). الخطوة 1. وهو جزء من عملية الترخيص للأطباء . يُظهر معدلات نجاح أقل للمجموعات المتميزة ثقافيًا من غير البيض (49% للسود و 66% للاتينيين و 88% للبيض). المجلس الوطني للفاحصين الطبيين [108] هو أنه بعد عدة محاولات . ينجح جميع المرشحين تقريبًا في نهاية المطاف (100% من البيض. و 98% للاتينيين. و 93% من السود). وقد أفاد فيرنر [109] دراسات في تخصصات أخرى أن المتقدمين غير البيض في كاليفورنيا اجتازوا اختبار منح امتحان وطني للمزاولة المهنية في علم النفس (EPPP) بأقل من نصف معدل نظرائهم البيض. تم العثور على اتجاهات مماثلة في امتحانات ترخيص التمريض.[110]

من خلال هذا المشروع. علمنا أن هناك اختلافات كبيرة في الطرق التي تتناول بها الاختبارات المختلفة محتوى وعملية التنوع البشري. على سبيل المثال. المجلس الوطني لمجالس الدولة للممرضات. مطور امتحان RN الأساسي. عناصر الاختبار المصادق عليها إحصائيًا حسب الجنس والمجموعة العرقية الرئيسية. أدى الأداء المتباين إلى إجراء مراجعة قد تؤدي إلى إزالة العنصر. كما تم تتبع اللغة الإنجليزية كخلفية لغة ثانية. امتحانات بارزة للتخصصات الأخرى (على سبيل المثال. العمل الاجتماعي) فحصت أيضًا الأداء حسب العرق والجنس. في المقابل لم يبلغ مطوروا الامتحانات في علم النفس وطب تقويم العظام وطب الأسنان عن مثل هذه الإجراءات في جزء منه. أوصينا بأن تقوم سلطات الترخيص ومطوري امتحانات الترخيص الذين لا يقومون بذلك بالفعل بجمع

بيانات طوعية إثنية / عرقية وحالة اللغة الإنجليزية كلغة ثانية من المرشحين. لقد نصحنا بضرورة تتبع عناصر الاختبار القائم على التنوع البشري / الثقافة لمعرفة مدى تكرار تضمينها. تم تشجيع مطوري الاختبارات على تضمين المعايير الوطنية الموضحة سابقًا بشأن الخدمات الملائمة ثقافيًا ولغويًا (CLAS) كمحتوى في الأخلاقيات وأقسام الامتحان المناسبة الأخرى. أخيرًا . أوصينا بضرورة قيام جهات الترخيص التي تستخدم اختبارات المهارات الشفوية أو السريرية أو العملية بتدريب الفاحصين على الكفاءة الثقافية.

حقق هذا المشروع على وجه التحديد في عنصر واحد داخل الرعاية الصحية في الولايات المتحدة. لكن الأساليب التي استخدمناها يمكن أيضًا ترجمتها إلى مناطق أخرى. يمكن للتحليلات المنهجية للقواعد والإجراءات . وكذلك كيفية تطبيقها في الحياة الواقعية . أن تحسن النجاح في الحكومة والأعمال والعديد من المجالات الأخرى. كما نناقش في الفصل التالي . أظهر جائحة COVID-19 أن أفضل خدمة للدول هي العمل معًا لحل المشاكل العالمية. يمكن أن يساعدنا استخدام نهج منظم لمعرفة مكان وجود حواجز التقدم في التخلص من العقبات التي تتداخل مع هذه الجهود.

تأمل المشاريع التي تمت مناقشتها أعلاه في تحقيق تغييرات واسعة النطاق في الأنظمة والأساليب التي تخدم مجموعات سكانية متنوعة. ولكن كيف تبدو الحياة الواقعية في بيئة سريرية؟ هناك أوقات نحتاج فيها إلى استكشاف ماهية الثقافة . وما هي الشخصية الأساسية . وكيف يتفاعلون جميعًا معًا. توفر المقالة القصيرة أدناه مثالاً لحالة.

ما هو الثقافي وما هو السايكولوجي النفسي «الصرف»؟ مثال مبسط (-Do lores Rodríguez-Reimann)

بالنسبة لواكيم وأنا كأطباء يعملون غالبًا مع السكان المهاجرين. فإن الثقافة هي العدسة والمرشح الذي من خلاله نفهم الكثير من تجارب مرضانا. ومع ذلك. هناك أوقات تكون فيها الثقافة عاملاً مهمًا. ولكن ليس بالطريقة الأكثر شيوعًا. نأمل أن توضح القصة التالية هذه النقطة.

كانت مورغان امرأة شابة جذابة نشأت في منطقة واشنطن الكبرى في كولومبيا (DC). عندما أتت إلي لأول مرة . ذكرت أن هدفها الرئيسي من العلاج هو طلب المساعدة . على حد تعبيرها . «النضال مع القضايا

الثقافية». اعتقدت مورغان أن خلفيتها الثقافية الشخصية كانت إيطالية وأيرلندية. ولكن كانت هناك «أجيال عديدة بينها» وبين الفترة التي هاجر فيها أسلافها إلى الولايات المتحدة. وبالتالي . وصفت مورغان نفسها بأنها «أمريكية بالأساس».

سافر والدها . وهو نقيب في سلاح الجو . طوال حياته المهنية . وغالبًا ما كان يصطحب العائلة معه. وفقًا لمورجان عندما كانت تبلغ من العمر 13 عامًا . كانت قد عاشت بالفعل في 14 دولة. وبحسب ما ورد حملت والدتها في بلد واحد ثم أنجبت مورغان في بلد آخر.

كانت القضايا الثقافية التي قيل إن مورغان تعاني منها تتعلق بوضع في العمل. كانت مورغان قد اكتسبت مهنة في الصناعة المالية ونظراً لخبرتها الدولية . كانت مريحة إلى حد ما في السفر إلى بلدان مختلفة. وفقًا لمورغان . كانت ناجحة جدًا في وظيفتها. واصلت لوصف أنه قبل عامين (في أواخر عام 2017) . قرر صديق ومعلم منذ فترة طويلة . جنبًا إلى جنب مع اثنين من الزملاء الآخرين . أنهم سيجمعون مواهبهم ويبدأون شركة جديدة تعمل في مجال الاستشارات الدولية. سألوا مورغان عما إذا كانت تريد أن تكون جزءًا من الشركة الناشئة.

كانت مورغان متحمسة للغاية ومتأملة أنه بمجرد «انطلاق» الشركة الجديدة . ستخوض هي وأصدقاؤها مغامرات جديدة وممتعة. من خلال رحلات مورغان . تمكنت من تكوين صداقات دولية كثيرة. كانت إيزابيل صديقة . على وجه الخصوص . تعمل أيضًا في الصناعة المالية. كانت إيزابيل سيدة في منتصف العمر كان مورغان مغرمًا بها. ولدت إيزابيل ونشأت في إسبانيا واعتبرت نفسها مزيجًا ثقافيًا مع أم إسبانية بينما ولد والدها ونشأ في ألمانيا. عندما التقى مورغان وإيزابيل قبل ما يقرب من 10 سنوات . كانت إيزابيل متزوجة وتربي طفلين أليخاندرو وأدريان. بحلول الوقت الذي حددت فيه مورجان أول موعد لها لرؤيتي . كان ولدا إيزابيل قد كبرا إلى مرحلة البلوغ.

التقى مورغان وإيزابيل في مؤتمر . وشعروا منذ البداية أنهما على صلة. أصبحوا أصدقاء سريعين وغالبًا ما يتم التشاور معهم فيما يتعلق بالعمل. كأصدقاء . دعموا بعضهم البعض أيضًا من خلال التجارب والتجارب

الشخصية. كانت إيزابيل صديقة دائمة . يسهل الوصول إليها عندما توفيت والدة مورغان بمرض السرطان قبل ثلاث سنوات فقط. بعد طلاق إيزابيل في عام 2017 وذهب ولديها إلى الكلية . فكرت إيزابيل في الهجرة إلى الولايات المتحدة لبدء فصل جديد في حياتها. شعر مورغان أن هذه كانت فكرة رائعة . لا سيما بالنظر إلى خبرة وتجربة إيزابيل الخاصة. ربما اعتقدت أن إيزابيل يمكن أن تنضم إلى مورغان وزملائها في مشروعهم التجاري الجديد.

شاركت مورغان هذه الفكرة مع زملائها وأصدقائها وسرعان ما اتفقوا جميعًا على أن إيزابيل لديها ما تساهم به في الشركة الناشئة. بفضل علاقاتها الدولية العديدة والطلاقة في أربع لغات . يمكن أن تكون إيزابيل سريعًا رصيدًا مهمًا لأهداف الشركة الاستشارية وأهدافها. كانت إيزابيل قد زارت الولايات المتحدة مرة واحدة فقط من قبل عندما زارت مدينة نيويورك لمدة أسبوعين. لكنها لم تكن على دراية بجنوب كاليفورنيا. ومع ذلك . اعتقد مورغان أن إيزابيل يمكنها إجراء الانتقال والتكيف. تحدث مورغان مع إيزابيل وسرعان ما تم وضع خطط لمساعدة إيزابيل على الاندماج مع مجموعة عمل مورغان والتخطيط لهجرة إيزابيل إلى الولايات المتحدة.

بحلول الوقت الذي جاء فيه مورغان لرؤيتي للعلاج . كان قد مر ستة أشهر منذ هاجرت إيزابيل إلى سان دييغو . كاليفورنيا. كانت الاتفاقية الأصلية بين مورغان وإيزابيل هي أن تتولى إيزابيل التخطيط والتطوير للقسم الأوروبي للشركة. ستساعد مورجان وزملاؤها في دعم إيزابيل خلال انتقالها إلى الولايات المتحدة لتحقيق هذه الغاية . وحتى لا تستنفد مدخرات إيزابيل دون داع . ستعيش إيزابيل في بيت ضيافة في منزل مورجان بدون إيجار. كان زميل آخر يعير إيزابيل سياره حتى تتمكن من القياده والتأقلم مع محيطها الجديد. وفقًا للخطة . كانت إيزابيل مهتمة بالبقاء في الولايات المتحدة ولكنها أرادت زيارة إسبانيا بمجرد أن تستقر هنا. وهذا يتناسب تمامًا مع أهداف الشركة الناشئة أيضًا.

لم تكن اللغة الإنجليزية مشكلة بالنسبة لإيزابيل . حيث كانت الإنجليزية . إلى جانب الإسبانية والألمانية والروسية . واحدة من أربع لغات . أتقنتها. ومع ذلك . وفقًا لمورجان فور وصول إيزابيل . بدأت المشاكل في الظهور.

وجدت إيزابيل صعوبة في التركيز على المشاريع التي تم تسليمها إليها وبدت مشتتة بسبب المشاكل والمشاكل مع أبنائها البالغين في إسبانيا. تضمن هذا الأمر قضايا بدت تافهة بالنسبة لمورجان. مثل نوع الملابس التي يفضلها أبناؤها ومن يواعدون. أيضًا. بينما تم الانتهاء من طلاق إيزابيل قبل أشهر . يبدو أن هناك اهتمامًا مستمرًا ومتواصلًا بمجيء وخروج زوجها السابق. وفقًا لمورجان. كانت إيزابيل تأتي غالبًا إلى المكتب في وقت متأخر من الصباح مستاءة وتبكي على «كل» المواقف «في الوطن». وبينما كان مورجان والآخرون في المكتب متعاطفين. سرعان ما اتضح أن إيزابيل بحاجة إلى إشراف أوثق لمساعدتها على البقاء «على المسار الصحيح» والتركيز على مسؤولياتها المتفق عليها في العمل.

بالإضافة إلى ذلك. كجزء من اندماجها في العمل. بدأت إيزابيل في تكوين علاقات مع أفراد كانوا في شبكة عمل مورغان الأكبر. في كثير من الأحيان. كانت إيزابيل تقضي وقتًا مع الأصدقاء والزملاء والمعارف من مورغان. على الرغم من ذلك. سرعان ما بدأ مورغان يسمع من خلال «شجرة العنب» أن إيزابيل كانت تشكو من الأنشطة والمهام التي كلفت بها في البداية. بدأت الشائعات تطفو على السطح بأن إيزابيل لم يتم دعمها وعوملت بشكل غير عادل. كانت الشكاوى خفية بما فيه الكفاية بحيث لا تبدو جاحدة بالكامل. ومع ذلك. فقد أثاروا تعاطفًا وأسئلة من أشخاص عرفوا مورغان وزملائها. عندما بدأت مورغان وزملاؤها في سماع هذه التعليقات. أرجعوا ذلك في البداية إلى حقيقة أن إيزابيل كانت «جديدة هنا». و «بعيدة عن البلد» . و «تواجه صعوبة في التكيف مع بيئتها الجديدة». ومع ذلك . سرعان ما بدأ التعاطف والتعاطف بالانتقال إلى أسئلة تتعلق بالدوافع الحقيقية لإيزابيل والاستياء الصريح تجاهها. قبل أن تعرف ذلك . أصبحت الأكاذيب والأكاذيب الصريحة والاتهامات واللوم من قبل إيزابيل قضايا مستمرة نوقشت في «اجتماعات الفريق» بين مورغان وزملائها. أصبح من الواضح أيضًا أن إيزابيل ستجد جميع أنواع الأسباب التي تمنعها من المتابعة وعدم قدرتها على المتابعة وتحقيق توقعات العمل الخاصة بها

وغني عن القول. أن كل هذا كان مرهقًا جدًا لمورغان لأنها شعرت في النهاية بالمسؤولية عن تقديم إيزابيل للمجموعة. شعر مورغان أيضًا بالتعاطف تجاه إيزابيل. بدا لها أن إيزابيل كانت تواجه «صعوبة» في التأقلم مع

حياتها الجديدة على الرغم من حقيقة أن إيزابيل صرحت مرارًا وتكرارًا أن لديها ما تريده بالضبط ؛ القدوم إلى الولايات المتحدة والعمل في شركة جديدة ومهمة.

سيسأل مورغان في الجلسة كم من هذا سيكون ثقافيًا. وكم منه سيكون شيء آخر؟ غالبًا ما قال مورغان «... أحيانًا أشعر بالأسف الشديد لإيزابيل وأريد المساعدة فقط. ثم هناك أوقات أخرى أغضب فيها حقًا وأقول ما يكفي بالفعل ربما لا تحتاج (إيزابيل) للعمل معنا إذا كانت غير سعيدة». أرادت مورجان أن أساعدها في ترتيب مشاعرها وأرادت اكتشاف أفضل طريقة للتفاوض على صداقتها مع إيزابيل وحماية نزاهة مجموعة عملها بطريقة «عادلة للجميع».

بعد جلستين. بدأت مورغان تشعر «بتوتر أقل» في تعاملاتها مع إيزابيل. أصبحت مورغان متأكدة أكثر من مشاعرها الخاصة . وتدربنا على كيف يمكن لمورغان أن تضع حدودًا واضحة كلما واجهت عرض إيزابيل لقضاياها الشخصية. كما تم تشجيع مورغان على أن إيزابيل التقت بشخص ما . وهو صديق ذكر. لقد طورت إيزابيل علاقاتها الاجتماعية الجديدة وبدت متفائلة وأكثر تفاؤلاً بشأن مستقبلها. ومع ذلك فإن وجود «صديق جديد» أدى إلى تشتيت انتباه إيزابيل عن عملها.

غالبًا ما كانت تغادر المكتب دون سابق إنذار وفي بعض الأحيان لا تظهر للعمل على الإطلاق.

ثم بعد حوالي خمسة أسابيع من الاجتماع مع مورغان بانتظام. حدث شيء غير عملنا تمامًا. تغيرت أهدافنا من العلاج. وفقًا لمورغان. حدث كل ذلك خلال عطلة نهاية أسبوع طويلة. قررت إيزابيل ورجلها الجديد ألبرت الانتقال للعيش معًا. كانت هذه خطوة لم تعترض مورغان عليها بصدق. على الرغم من أنها شعرت أنه «من السابق لأوانه» بالنسبة لإيزابيل التفكير في هذا الخيار. لذلك. في حوالي الساعة 3:00 صباحًا في يوم الإثنين. تلقت مورغان مكالمة من إيزابيل تطلب من مورغان إخراجها بكفالة من السجن منذ أن تم القبض عليها في الليلة السابقة بتهمة الاعتداء في حالة عنف منزلي. على ما يبدو. كان إيزابيل وألبرت يشربان الكحول واندلع مشاجرة / شجار. ووفقًا للقصة. فقد أمسكت إيزابيل بسكين وهددت بطعن نفسها

وكذلك ألبرت. بينما لحسن الحظ. لم يصب أحد بجروح خطيرة. تمكنت إيزابيل من إلقاء زجاج على ألبرت . وضربه على جانب وجهه. عندما سمع الجيران الضجة . اتصلوا بالشرطة . وفي النهاية. تم القبض على إيزابيل.

وغني عن القول أن مورغان كانت في حالة صدمة ومدمرة وغاضبة حقًا لأنها «انجرفت إلى» مثل هذا الموقف الصعب والفوضوي. كان مورغان واضحًا في أنه «انتهى أخيرًا من إيزابيل» و «هذه كانت القشة الأخيرة». بالنسبة لمورغان. كان الأمر الآن يتعلق بكيفية إنهاء العلاقة مع إيزابيل بأكثر الطرق ودية مع تقليل المخاطر التي تتعرض لها نفسها وزملائها.

والشركة. في حين أنه من غير الأخلاقي من وجهة نظري المهنية تشخيص شخص لا أقوم بتقييمه شخصيًا. كان من الواضح لي أنه إذا كنت سأساعد مورغان خلال هذا الموقف. فقد كان جزءًا من عملي هو مساعدتها على التنقل وفهم كيفية العمل من خلال السياقات الثقافية ولكن أيضًا التمييز بينها وبين ما يبدو بوضوح أن سمات شخصية إيزابيل متحفزة. سألت مورغان عما إذا كانت على مدار صداقتهما قد شاهدت إيزابيل تنخرط في سلوك خطير أو اندفاعي شعر مورغان أنه بطريقة ما «خارج الحدود». ذكرت مورجان أنها شعرت أن إيزابيل لديها تاريخ طويل من العلاقات الصعبة حيث سيكون الأصدقاء والأقارب داخل وخارج حياة إيزابيل . غالبًا بسبب المشاكل البسيطة أو الإهانات المتصورة. كما قال مورغان إن إيزابيل كانت في بعض الأحيان «درامية بشكل مفرط» في استجابتها العاطفية لبعض الانتكاسات. لكن بالنسبة لمورغان . كان هذا «... كيف كانت إيزابيل ...» وبكلمات مورغان «... أنا لا أحكم على الناس من هم ...»

في حين أنه من الصحيح أن الثقافات المختلفة تسمح بالاختلافات في نطاق التعبير العاطفي. (في ملاحظة شخصية. غالبًا ما أصف نفسي بأنني «لاتينية عاطفية» للغاية) . إلا أن هناك سمات شخصية وأنماط للتكيف يمكن أن تصبح صعبة بغض النظر عن من اين اتيت. نمط الشخصية الذي يمثل مشكلة لديه القدرة على أن يصبح اضطرابًا يتميز بعلاقات شخصية صعبة ومعقدة

وقضايا تتعلق بالصورة الذاتية المنخفضة. في بعض الحالات . يمكن

أن تصبح أنماط التأقلم هذه مرضًا عقليًا خطيرًا يتميز بمزاج غير مستقر وسلوك اندفاعي. في مجال الصحة العقلية. هناك سلسلة من الأساليب المختلة للتكيف والتي بمجرد أن تصبح جامدة. يمكن أن تؤدي إلى اضطرابات شخصية كاملة تؤثر سلبًا على الصحة العقلية العامة للشخص وسلامته

وفقًا لما كانت مورجان تصف. كان لدى إيزابيل أسلوب تكيف يعاني فيه أفراد مثلها بانتظام من مشاكل في العلاقات. والأسرة . والحياة العملية . والتخطيط طويل المدى . والهوية الذاتية. في الحالات القصوى . يمكن للأشخاص الذين يظهرون محاولات تأقلم غير فعالة أن يتعرضوا لنوبات شديدة من الغضب والاكتئاب والقلق. في الحالات القصوى . يمكن أن يؤدي ذلك إلى إيذاء النفس أو الانتحار. وكذلك تعاطي المخدرات والكحول. نظرًا لأنني لم أقابل إيزابيل أو أعالجها أبدًا. لم يكن لدي دليل مباشر على سلوكها. لذا لم أتمكن من تشخيصها باضطراب في الشخصية أو أي شيء آخر. ومع ذلك. لدي معلومات كافية لمساعدة مورغان في تحديد ما هو ثقافي وما يبدو أنه مشكلات شخصية إيزابيل.في النهاية. انتقلت إيزابيل للعيش مع ألبرت وقررت أن العمل مع مورغان وزملائها لم يكن «مناسبًا لها». قرر كل من مورغان وإيزابيل البقاء صديقين. ومع ذلك. لم يكن هناك توقع بأن العلاقة بين مورغان وإيزابيل ستستمر كما كانت من قبل.

عند تحليل مثال الحالة هذه. أود أن أشير إلى بعض الملاحظات: في حين أن الثقافة هي العدسة الرئيسية التي من خلالها أتصور تجربة الناس. شعرت مبكرًا جدًا أنه كان هناك ما هو أكثر بكثير من «القضايا الثقافية» التي تحدث لمورغان و صديقتها إيزابيل. في حين أن. الناس الذين يهاجرون غالبًا ما يواجهون مشكلات انتقالية. فإن أنواع المشكلات التي كانت إيزابيل تواجهها لم تكن متوافقة مع تجربة الهجرة العامة. على سبيل المثال. عادة ما يكون المهاجرون ككل على استعداد للعمل الجاد ولا يبحثون عن أعذار «لزيادة ثقلهم». المهاجرون الذين يأتون من ثقافات حيث الهوية العائلية مهمة عادة ما يعبرون عن المواقف التي تعزز استمرار تلك الروابط الأسرية. لكن في حالة إيزابيل . بدا أن العكس هو الذي يحدث. يبدو أن إيزابيل تسبب المشاكل من خلال إدخال نفسها بشكل غير لائق في حياة ابنها البالغين ومع زوجها السابق. كان العامل الأخير في تقييمي للظروف. في هذه الحالة. هو أنني شعرت أن مورغان قد استثمر بقوة في نجاح

إيزابيل. على هذا النحو. كانت مورغان على استعداد للنظر إلى نفسها (بما في ذلك طلب المساعدة من طبيب نفساني إكلينيكي) للتأكد من أنها كانت تفعل كل ما هو ممكن من نهايتها لمساعدة صديقتها. لكن بالنسبة لإيزابيل. بدا أن هناك القليل من الاهتمام أو التقدير للجهود التي بذلها مورغان لمساعدتها.

بالنظر إلى الحروب والتعذيب الذي هربت منه بعض مجموعات المهاجرين الأخرى . قد تبدو مشاكل إيزابيل ومورجان تافهة. لكن مشاكلهم كانت مهمة للأشخاص في هذه القصة. كما قلنا خلال هذا الكتاب. يأتي المهاجرون من جميع الظروف والخلفيات. بالإضافة إلى وصف المثال الذي كان فيه ما كان ثقافيًا وما هو خلل في الشخصية. تشير هذه القصة إلى أن جميع الناس الذيتشير هذه القصة إلى أن جميع الناس الذين يعانون من أشكال مختلفة من المعاناة يستحقون احترامنا ومساعدتنا بالدرجة الممكنة.

أسئلة للاعتبار

عندما تفكر في تجربتك الخاصة . هل هناك أي حالات تشعر فيها بأنك عوملت بطريقة تحترم من أنت وكيف ترى نفسك؟ هل كان هناك موقف لم يكن الأمر كذلك؟ كيف تتكيف معها؟ إذا كان بإمكانك العودة والقيام بذلك مرة أخرى . فماذا ستفعل بشكل مختلف؟

التوصيات

- ابحث عن الإسترشاد بأشخاص مروا بتجارب مماثلة . وتغلبوا على المصاعب . وبالتالي «ساروا المشوار».
- المشاركة في البحوث / التجارب السريرية. قد يخبرك هذا بالاحتياجات الصحية المحددة لمجتمعك. قد يسمح لك أيضًا بالمساهمة في الحلول التي تلبي تلك الاحتياجات
- تطوير علاقات للمستقبل من أجل التعليم / التوظيف / المناصرة
- تطوع في المنظمات الموجهة نحو خدمات المهاجرين.

- إذا كنت طالبًا. ابحث عن تدريب داخلي يعمل مع مجموعات سكانية متميزة ثقافيًا. تبنت العديد من الكليات والجامعات أيضًا نهجًا يسمى خدمة التعلم من خلال المشاركة المدنية. يؤدي ذلك إلى إخراج الطلاب والمعلمين من الفصل الدراسي ويكلفهم بتطوير وتنفيذ مجموعة متنوعة من المشاريع المجتمعية. يمكن لمثل هذا المشروع أن يوفر بالتأكيد فرصًا للعمل مع المهاجرين من خلفيات مختلفة
- إذا بدأت مشروع عمل صغير ففكر في التحالف مع شركات صغيرة أخرى مكونة من أشخاص من ثقافات مختلفة. غالبًا ما تسمح هذه المشاريع المشتركة للمؤسسات بالحصول على عقود وعملاء لا يمكن لشركة واحدة بمفردها الوصول إليها. عندما تشترك العديد من الشركات الناشئة في مساحة مشتركة أو تكون على مقربة من بعضها البعض . فإن هذا ما يسمى غالبًا بحاضنة الأعمال الصغيرة

الموارد

يمكن تصفح «معاييرالخدمات الملائمة ثقافيًا ولغويًا» ((CLAS كاملةً في الصحة والرعاية الصحية على الإنترنت في الرابط التالي:

https://thinkculturalhealth.hhs.gov/clas

وكتيب مجموعة أدوات الكفاءة الثقافية ومقرها المملكة المتحدة في:

https://www.diversecymru.org.uk/wp-content/uploads/Cultural-Competency-Toolkit.pdf.

9
مجموعة إعادة توطين وتقييم المهاجرين (GIRA)

كما هو موضح في الفصول السابقة. غالبًا ما يستلزم عملنا في اختصاص علم النفس تقييمات الطب الشرعي لقضايا الهجرة (على سبيل المثال. حالات المشقة الشديدة وطلبات اللجوء و حالات الإساءة الزوجية ... إلخ). في مجال مختلف ولكنه مرتبط. أجرينا أبحاثًا جامعية للصحة العامة والنفسية. ركزت كل من الخدمات البحثية والإكلينيكية إلى حد كبير على المجموعات السكانية المتميزة ثقافيًا ولغويًا (خاصة المهاجرين واللاجئين من أمريكا اللاتينية وشرق إفريقيا والشرق الأوسط) هذا العمل مستمر. هذه الجهود مجزية من حيث أنها يمكن أن تؤثر بشكل إيجابي على مجموعة متنوعة من الناس.

باختصار. نحن مستعدون دائمًا لمشروع جديد. كل منها عبارة عن مغامرة. بالنسبة لنا. الأسئلة الحالية هي: كيف نستخدم خبرتنا بطريقة إضافية بناءة؟ هل يمكننا المساعدة في إنشاء مقاربات منهجية تساعد المهاجرين في جهودهم للتأقلم مع بلد جديد؟

إذا كان الأمر كذلك. كيف نقوم به. هل هناك مقاربة منهجية يجدها العاملون مع المهاجرين مفيدة؟

دفعتنا هذه الأسئلة إلى تشكيل مجموعة إعادة توطين وتقييم المهاجرين (GIRA) منذ عدة سنوات. GIRA وهي كيان متعدد التخصصات يتكون من متخصصين علم نفس سريري واجتماعي وباحثين في التطوير الوظيفي وقادة منظمات.

مجتمعية وغيرهم ممن لديهم خبرة ذات صلة. تتمثل مهمة مجموعتنا في إنشاء. ثم استخدام. إجراءات القياس النفسي التي تضيف المعلومات ذات الصلة إلى عمليات الهجرة التي تسمح باختيارات مستنيرة عند مساعدة المهاجرين. في هذا السياق. ينصب اهتمامنا على المناهج المهنية والدقيقة وغير السياسية التي

تساهم في الحلول في هذه الأنواع من الظروف.

بصفتنا أطباء أو مقدمي خدمات اجتماعية. فإننا نستمع بشكل عام إلى احتياجات عملائنا وظروفهم للتوصل إلى خطة مساعدة فردية (أو علاج). جهود GIRA هي نفسها بشكل أساسي. فهي تتضمن تطوير أداة. جرد إعادة التوطين الناجحة للمهاجرين (SIRI). والتي تقيم الأبعاد الأساسية التي تمت مناقشتها في هذا الكتاب وتستخدم تلك المعلومات لتحديد الاحتياجات والظروف الفريدة للفرد على وجه التحديد. يتضمن SIRI المعلومات الديموغرافية الأساسية ثم يعالج الضغوطات الثقافية / النفسية الاجتماعية. والانفتاح على العمليات التثقيفية والتكيفية. والميول النفسية والسلوكية (بما في ذلك السمات الشخصية والمرونة). وحالة الصحة البدنية. والتوظيف / التوجهات المهنية. يمكن لكل من المهاجرين والناس الذين يساعدونهم بعد ذلك استخدام هذه المعلومات لتطوير طريق شامل وشخصي لتحقيق النجاح.

نعتقد أيضًا أن هذا النوع من القياس يمكن أن يكون له استخدامات تساعد الإجراءات القانونية المستخدمة في قضايا الهجرة. على سبيل المثال غالبًا ما يفتقر طالبو اللجوء إلى الوثائق التي «تثبت» تاريخهم الصعب. التحقق من الأعراض النفسية المتوافقة مع الاضطرابات المرتبطة بالصدمات يمكن أن يضيف مصداقية لطالبي اللجوء الشرعيين.

باختصار. يمكن أن تعمل SIRI كأداة للتقييم وتخطيط الخدمة تستخدمها المنظمات غير الحكومية (NGO) والمنظمات المجتمعية (CBOs) والهيئات الحكومية والأنظمة التعليمية وغيرها. مع وجود النتائج في متناول اليد . يمكن للأشخاص الذين يعملون في الخطوط الأمامية مساعدة المهاجرين من خلال تحديد الخدمات المناسبة واستخدامها. يمكن أن يعزز هذا النهج ويمكّن عملية ثقافية أكثر سلاسة من خلال مساعدة الناس على التغلب على حواجز التثاقف وإعادة التوطين. على سبيل المثال. لدى تقرير SIRI القدرة على تحسين نوعية الحياة والمساهمات الاجتماعية الإيجابية من خلال تطوير خطط توظيف / تعليمية فعالة للمهاجرين الذين يحتاجون إلى هذا النوع من المساعدة.

على مستوى أوسع. يمكن للمعلومات الواردة من SIRI أن توجه السياسة. يمكنه تحديد أنواع الخدمات التي تشتد الحاجة إليها في مناطق محددة ولأشخاص محددين. يمكن أن يساعدنا ذلك بعد ذلك في وضع الأموال والموارد الأخرى في

الأماكن التي تحقق أفضل النتائج.

في الوقت نفسه. يمكن أن يثير تقييم المهاجرين بطرق متعددة أسئلة صعبة. ماذا لو كان هناك أشخاص لديهم عوامل خطر إجرامية وحتى إرهابية في المجموعة؟ SIRI ليس تدبيرًا يمكنه العثور على إرهابي في حشد من الناس. ولكن. إذا تم تطبيقه بشكل صحيح. فقد يشير إلى طرق يمكن من خلالها تقليل مخاطر التطرف. لا سيما بين الناس الذين يشعرون أنه ليس لديهم مستقبل .

يتردد العديد من الناس وخاصة من الشرق الأوسط وشمال إفريقيا ودول أخرى ذات غالبية مسلمة. في التحدث عن التطرف. وذلك لأسباب وجيهة. إنهم قلقون من أن يكونوا مقولبين لأن هذا قد حدث لهم. وكان العديد من ضحايا الإرهابيين أنفسهم. لذا فهم يعرفون المخاطر التي ينطوي عليها الأمر بشكل مباشر. ومع ذلك. غالبًا ما يتم تجميعهم في بلدهم المتبنى مع نفس. الناس الذين فروا منهم. يجب أن يكون هذا محيرا في أحسن الأحوال. وبالمثل. هناك عدد كبير جدًا من التعليقات العامة حول أشخاص من المكسيك وأمريكا الوسطى تصف الضحايا الفعليين للمجرمين بأنهم «المجرمون» على الإطلاق. يمكن أن يكون هناك أيضًا بعض المخاوف الحقيقية. في حين أن عددًا قليلاً جدًا من المهاجرين مجرمون و / أو إرهابيون.

إلا أننا نحتاج فقط إلى النظر في تاريخ الهجمات في الولايات المتحدة والمملكة المتحدة وإسبانيا وفرنسا والنمسا والعديد من البلدان الأخرى لنعلم أن قلة من المتطرفين يمكن أن تسبب الكثير من الموت والدمار. بالنظر إلى هذا الواقع. نحتاج إلى فهم أفضل للحقائق حول التطرف. هل هناك علاقة جوهرية بين الأعمال الإجرامية والهجرة؟ من هو الأكثر ميلاً للانضمام إلى الجماعات الإجرامية / الإرهابية؟ هل هناك أشياء يمكننا القيام بها لإبعاد الناس عن مثل هذه القرارات؟

النشاط الإجرامي بين المهاجرين

يمكن القول إن حجم النشاط الإجرامي بين. الناس المولودين في الخارج أقل من حجم النشاط الإجرامي بين السكان المولودين في العديد من نفس البلدان. تُظهر المعلومات الواردة من مكتب إحصاءات العدل الأمريكي أن السجناء غير

المواطنين في سجون الولاية والسجون الفيدرالية يشكلون أقل من 6% من إجمالي عدد نزلاء السجون. خلص أليكس نوراسته. مدير دراسات الهجرة في معهد كاتو. إلى أن «معدلات الإدانة الجنائية والاعتقال للمهاجرين (حتى في حالة غير الموثقين) كانت أقل بكثير من معدلات الأمريكيين المولودين في أمريكا.»[111] تحليل شامل لـ 51 دراسة أمريكية المنشور حول هذا الموضوع من 1994 إلى 2014 وجد أنه. إذا كان هناك أي شيء. فإن الهجرة تميل إلى أن تكون مرتبطة بانخفاض معدلات الجريمة بدلاً من زيادة. لكن هناك أدلة قوية على أنها كانت صحيحة باستمرار في التاريخ الحديث.[113]

أظهرت الأبحاث حول هذا الموضوع في بلدان أخرى في جميع أنحاء العالم نتائج مختلطة. لم يتم العثور على أي علاقة بين حالة الهجرة والجريمة. على سبيل المثال. في أستراليا.[114] في إيطاليا وجدت الدراسات أن. الناس المولودين في الخارج يميلون إلى ارتكاب المزيد من عمليات السطو بين عامي 1990 و2003 بنسبة 65%[115] بين عامي 2007 و2016.[116] وبالمثل في المملكة المتحدة. أشارت إحدى الدراسات إلى أن عدد نزلاء السجون المحليين لم يتزايد بشكل كبير بسبب أي حوادث جرائم خطيرة ارتكبها أشخاص أجانب.[117]

من ناحية أخرى. أبلغت الأبحاث في ألمانيا والنرويج وإسبانيا وقليل من البلدان الأخرى عن ارتفاع معدلات الجريمة المنسوبة إلى المهاجرين. على الرغم من أن هذه الزيادات في بعض الحالات كانت صغيرة نسبيًا.[118,119,120]

هل هناك طريقة لإصلاح الأمور إذا كانت معدلات الجريمة تمثل مشكلة؟ وجدت بعض الدراسات في الاتحاد الأوروبي أن منح الوضع القانوني للأشخاص غير المسجلين يمكن أن يقلل من الجريمة.[121] قد يحدث هذا لأن الوضع القانوني يفتح المزيد من الفرص الاقتصادية ويقلل عمومًا من مخاوف الناس وإحباطاتهم.

الجرائم ضد المهاجرين

على الجانب الآخر من هذه الصورة. هناك القلق من أن المهاجرين في كثير من الأحيان هم ضحايا الجريمة وليس مرتكبيها. يمكن للأشخاص الذين يفرون من الحرب والاضطهاد أن يكونوا عرضة لسوء المعاملة والاستغلال. على سبيل

المثال. 75% أو أكثر من اللاجئين السوريين هم من النساء والأطفال المعرضين للخطر. حتى لو تمكنوا من الوصول إلى مخيمات اللاجئين. يخشى الكثيرون من تعرضهم لسوء المعاملة من قبل الموظفين وغيرهم هناك. وينتهي الأمر ببعض اللاجئات للاستغلال الجنسي على أساس أن هذه هي الطريقة الوحيدة للبقاء على قيد الحياة مالياً.[122]

يرتبط الاتجار بالجنس ارتباطًا وثيقًا بهذا الوضع. أفاد الاتحاد الأمريكي للحريات المدنية (ACLU) أن جميع ضحايا الاتجار بالجنس في الولايات المتحدة تقريبًا هم من النساء المهاجرات بمتوسط عمر 20 عامًا. النساء ذوات التعليم الأقل. والقدرة المحدودة على التحدث باللغة الإنجليزية. وليس لديهن معرفة بحماية العمل القانونية الأمريكية معرضات للخطر بشكل خاص.[123]

كما أبلغت أجزاء أخرى من العالم عن وقوع ضحايا من المهاجرين. وجدت إحدى الدراسات في جنوب إفريقيا. على سبيل المثال. أن 85% من. الناس المولودين في الخارج الذين تم تقييمهم كانوا ضحايا للجرائم. وكانت أكثر الجرائم شيوعاً هي اقتحام المنازل ونهب شركات المهاجرين.

تشمل الأنواع الإضافية من الأنشطة الإجرامية التي يواجهها المهاجرون السرقة أثناء الهجرة وتجربة جرائم الكراهية. ومع ذلك. تُظهر أبحاثنا ودراسات أخرى أن الضحايا نادرًا ما يبلغون السلطات بمثل هذه الحوادث خوفًا من لفت الانتباه إلى أنفسهم والتعرض للإيذاء أكثر.

التطرف والإرهاب

الإرهاب في الأخبار باستمرار. في حين أن عدد. الناس المتورطين صغير نسبيًا. نعلم جميعًا أن شخصًا واحدًا يرتكب فعلًا عنيفًا يمكن أن يتسبب في فوضى للعديد من. الناس الآخرين. ومع ذلك. كما لوحظ سابقًا.

من الصحيح أيضًا أنه بناءً على دينهم ولباسهم. فإن بعض مجموعات المهاجرين غالبًا ما يتم تصويرهم على أنهم «إرهابيون».[65]

العلاقة الحالية بين الهجرة والإرهاب لم يتم بحثها بشكل كافٍ. وجدت دراسة أجريت عام 2016 أن المستويات الأعلى من الهجرة كانت مرتبطة بمستوى

أقل من الإرهاب في البلد المضيف. في الوقت نفسه. فإن المهاجرين من الدول المعرضة للإرهاب على وجه التحديد يزيدون من خطر الإرهاب في الدولة المضيفة.[125] وقد لا تشمل بعض هذه النتائج الأخيرة حتى. الناس المولودين في الخارج. عندما كنا في مؤتمر عام 2019 في لندن. سمعنا. على سبيل المثال. مخاوف سردية من أن مقاتلي داعش. الذين طردوا من أراضيهم في سوريا. كانوا قادمين إلى المملكة المتحدة. لكن هؤلاء ليسوا بالضرورة «أجانب». كان بعضهم من حاملي جوازات سفر بريطانية كانوا عائدين «إلى ديارهم».

موضوع التطرف معقد للغاية. أولاً. من المهم ملاحظة أن التعبير عن المعتقدات «الراديكالية» أو «المتطرفة» لا يعني تلقائيًا أن الشخص أو. الناس المعنيين سوف يرتكبون أعمال عنف. في الواقع. من بين بعض الدول بما في ذلك الولايات المتحدة. فإن التعبير عن الأفكار المتطرفة. دون التهديد أو الدعوة إلى العنف. محمي في الدستور. ثانياً. ارتكبت أعمال إرهابية عنيفة باسم أسباب متعددة. وتشمل هذه الجذور المحلية وكذلك الدولية. إطلاق النار الجماعي في 3 أغسطس / آب 2019 في بلدتنا القديمة في إل باسو بولاية تكساس لم يرتكبه مهاجرون ولكن بدافع الكراهية ضد المكسيك. بالإضافة إلى ذلك وصف مكتب التحقيقات الفيدرالي الأمريكي (FBI) التطرف العنيف المحلي المتنامي بأنه التهديد الإرهابي الأول في عام 2021.[126]

لمواجهة التطرف العنيف. نحتاج إلى فهم دوافع الإرهابيين ومواقفهم ونظرتهم للعالم وطرق تفكيرهم. هذا «الفهم» لا يعفي أو يجد مبررات لسلوكياتهم. بدلاً من ذلك. ففي اقتباس مقولة «صن تزو - Sun Tzu»: المعروفة جداً (بصيغة) اذا عرفت نفسك وعرفت عدوك فلا داعي للخوف ستكسب مائة معركة دون خسارة نقاط ومن الحكمة تحديد ما نواجه لعمل حسابات فعالة. وعلماء السلوك (مثال علماء النفس) لديهم الكثير ليساهموا به ولكنهم لم يُستفاد منهم في هذا المجال.[127]

ما هي بعض الأساسيات في فهم التطرف؟ أولاً. من المهم معرفة أن المتطرفين الراديكاليين لا يناسبون جميعًا ملفًا شخصيًا واحدًا. على سبيل المثال. من غير المرجح أن يقوم أولئك الذين يشغلون مناصب التجنيد والقيادة بمهام انتحارية بأنفسهم على الرغم من محاولتهم جذب الآخرين المستعدين للقيام بذلك.[129][130]

لكن هناك بعض عوامل الخطر المعروفة. غالبًا ما يفتقر أولئك المعرضون للتجنيد من قبل الجماعات الإرهابية إلى الثقة بالنفس ويشعرون بأنهم مرفوضون من قبل المجتمع الأكبر. إنهم يعتقدون أنه ليس لديهم طريق إلى مستقبل جيد. ثم يأتي المجند الذي يعدهم بالانتماء. ونوع من الأسرة والأخوة. ودور مركزي في خلق عالم جديد عظيم وعادل. حتى لو ماتوا فإنهم موعودون بـ 1) المكافآت في الآخرة و 2) بأنهم سيذكرون كشهداء. أخيرًا. تتعهد بعض الجماعات المتطرفة بالعناية بأفراد الأسرة بعد وفاته «كشهيد» [128]. يمكن أن يكون «عرض المبيعات» هذا جذاباً للغاية لشخص يشعر أنه لا ينتمي إلى أي مكان وليس له مستقبل.

ما الذي يمكن فعله لمواجهة هذا النوع من مخاطر التطرف؟ واحدة من أكثر الآراء التي سمعناها إثارة كانت من مركز صوفان. فضلاً عن كونها منظمة خدمة اجتماعية. تتكون هذه المجموعة إلى حد كبير من خبراء قانون واستخبارات من الذين عملوا في الوكالات الوطنية والدولية تشير نشرة مركز صوفان 2017 بعنوان «سوريا. العلاقة بين الأمن الإنساني» [47] إلى أنه بالنسبة للاجئين. لا يمكن معالجة المخاوف الإنسانية والأمنية بشكل منفصل. بل هما وجهان لعملة واحدة. فالناس الذين لديهم أمل في القبول والفرص والمستقبل الإيجابي هم أكثر قدرة على مقاومة الوعود الكاذبة التي تقدمها الجماعات المتطرفة. هذا لا يمكن أن يساعد المهاجرين أنفسهم فحسب. بل يمكن أن يكون له آثار إيجابية مضاعفة على أولادهم وأولاد أولادهم. ردد علماء الاجتماع والسلوك موضوعات مماثلة من خلال التأكيد على أن الروابط الاجتماعية الإيجابية ودعم وتعاون الجالية يمكن أن يساعد في إحباط التطرف والعنف. [131]

إن توفير سبل متعددة الأوجه ومنظمة ومتكاملة ومنسقة للمهاجرين يمكن أن يوفر لهم سلمًا لتحقيق النجاح. الدعم والتوجيه هو عمل بناء وليس عقابي. لكنه يتطلب أن يكون لدينا تقييم مسبق جيد لاحتياجات الناس وظروفهم. تسعى GIRA إلى تعزيز مثل هذا التقييم.

الاسئلة

إذا كنت ضحية لجريمة هل ستشعر بالراحة عند إخطار الشرطة أو السلطات الأخرى؟ إذا لم يكن الأمر كذلك. فما هي إجراءات إنفاذ القانون التي ستمنحك مزيدًا من الثقة في أن الإبلاغ عن جريمة سيكون له نتيجة جيدة بالنسبة لك؟

هل تشعر أنك تعرضت للتحيز والكراهية؟

ما الذي يسمح لك بالمثابرة. حتى لو كانت لديك تجارب سلبية؟

الموارد

تساعد العديد من المنظمات أعضاء الجماعات المتطرفة التي أصيبت بخيبة أمل وتريد ترك تلك الحياة. تتعامل هذه المنظمات مع كل من الإرهابيين الدوليين وجماعات الكراهية اليمينية المحلية.

و كويليام هي مجموعة معروفة دوليا. يمكنك العثور على مزيد من المعلومات حول هذه المنظمة على https://www.quilliaminternational.com

و لمزيد من المعلومات عن محاربة التطرف العنيف يرجى مراجعة موضوع فهم نزع التطرف:

مسارات لتعزيز التصورات والممارسات المشتركة عبر الأطلسي | معهد الشرق الأوسط (edu.mei) في:

https://www.mei.edu//publications/deradicalization-programs-and-counterterrorism-perspective-chalenges

10
جائحة كوفيد -19

خلال مدة كتابة هذا الكتاب في منزلنا في كاليفورنيا حصل حجر الكوفيد 19 مرتين حتى الآن. أفاد حاكم كاليفورنيا أنه نظرًا لمعدلات العدوى والمرض والوفيات.

الحالية. فمن مصلحة الصحة العامة لدينا الاستمرار في تقييد أنشطتنا. عانت الولايات المتحدة من حالات الإغلاق واكتظاظ المستشفيات ومعدل وفيات أكثر من أي مكان آخر في العالم. يتطور COVID-19 (غالبًا ما يوصف بـ«المتغيرات»). ولم يتضح بعد متى سينحسر هذا الوباء.

نظرًا لأن كلانا كان باحثًا في كلية الدراسات العليا للصحة العامة بجامعة SDSU لمدة 22 سنة (2008-1997) . فإننا نأخذ بيانات الوباء وتوجيهات خبراء وعلماء الأمراض المعدية على محمل الجد. لقد غامرنا بالخروج فقط عندما اضطررنا لذلك. سنسلط الضوء في فصله على بعض النقاط الموضحة في أجزاء سابقة من هذا الكتاب ونتحدث عن كيفية تأثير هذه المشكلات حتى الآن باستخدام COVID-19 كمثال.

كان لفيروس كورونا (SARS-CoV-2) الذي تسبب في انتشار جائحة COVID-19 في 2019 و2020 و 2021. وربما بعد ذلك. تأثير عميق على عالمنا. إنه حدث غير مسبوق في حياتنا. ومع ذلك. فنحن نعلم تاريخيًا أن الأوبئة ليست جديدة على التجربة البشرية. توفي حوالي 5 ملايين شخص بسبب ما كان يُعتقد أنه مرض الجدري في الإمبراطورية الرومانية .

بين عامي 165 و168 بعد الميلاد. الإمبراطور ماركوس أوريليوس. في ذلك الوقت. أطلق عليها اسم «طاعون جالينوس». يُعتقد أن المرض قد تم نقله إلى روما من قبل القوات التي قاتلت في غرب آسيا. بعبارة أخرى. مثل الأمراض المعدية

اليوم. انتشرت عبر مناطق واسعة من خلال الاتصال البشري. قتل الطاعون الدبلي ما يقدر بنحو 25 مليون شخص بين عامي 1347 و1352. وفي الآونة الأخيرة. تسبب تفشي الإنفلونزا مثل الإنفلونزا الإسبانية في وفاة حوالي 50 مليون شخص حتى عام 1919.

كانت هناك بالتأكيد أوبئة أخرى بين أوائل القرن العشرين وCOVID-19. وشملت هذه الأمراض السارس وإنفلونزا الخنازير والإيبولا ومتلازمة الشرق الأوسط التنفسية والإيدز. ولكن في عصر نميل فيه إلى افتراض أن الطب الحديث سيحمي صحتنا. لم يكن لأي منها تأثير عالمي يضاهي COVID-19. بصرف النظر عن العواقب الجسدية المباشرة للمرض. فقد شهدنا عددًا لا يحصى من الاضطرابات الاقتصادية والاجتماعية في حياتنا اليومية. ليس من المستغرب أن هذا قد تسبب في الكثير من المعاناة.

وجد الباحثون الذين استخدموا بيانات على مستوى الولايات المتحدة. على سبيل المثال. أنه في أبريل ومايو من عام 2020. كان البالغون أكثر عرضة للإبلاغ عن القلق أو الاكتئاب أو كليهما بثلاث مرات مقارنة بالنصف الأول من عام 2019. وجدت زيادة بنسبة 54 % في مبيعات الكحول الوطنية الأمريكية. مقارنة بأرقام ما قبل COVID. وقد تم الإبلاغ عن أنماط مماثلة في جميع أنحاء العالم. في الوقت نفسه. خلص تقرير لمنظمة الصحة العالمية لعام 2020 (WHO) إلى أن الوباء قد عطل بشكل كبير خدمات الصحة العقلية. لا سيما في البلدان التي تفتقر إلى البنية التحتية لاستخدام التطبيب عن بعد بشكل كامل كبديل للمساعدة الشخصية.[134]

يُعرَّف الوباء بأنه مرض انتشر في العديد من البلدان وأثر في هذه العملية على عدد كبير من الناس. نظرًا لأنه لا يعرف حدودًا دولية. فإن أنماط الهجرة ونتائجها تعتبر اعتبارات مهمة. وهذا يشمل نقاط الضعف الصحية والعقلية التي يواجهها المهاجرون. في الوقت نفسه. لا يمكن التغاضي عن المساهمات الإيجابية التي يقدمها المهاجرون لمجتمعنا أثناء الأزمات الصحية في هذا الفصل نناقش كلاً من المساهمات التي قدمها المهاجرون لمجتمعاتهم الجديدة بالإضافة إلى المخاطر التي يواجهونها في القيام بذلك. خلال فترة يعاني فيها البشر من نقص في العاملين في مجال الرعاية الصحية في جميع أنحاء العالم. سنقدم توصيات للحلول الاستراتيجية لنتائج الأوبئة على المستوى الدولي في المستقبل.

يتبع ذلك بعض الأمثلة الواقعية التي تُظهر التفاعل بين COVID-19 والعوامل الثقافية / التراكمية في المزاولة السريرية أخيرًا نقدم بعض الأسئلة التي يمكنك أنت. القارئ. اطرحها على نفسك.

تعداد المهاجرين: التأثيرونقاط الضعف

يخبرنا أولئك الذين يتتبعون الإحصائيات الخاصة بالسكان المختلفين أن العمال المهاجرين يميلون إلى أن يكونوا في الخطوط الأمامية في الاستجابة لوباء كوفيد 19 وفقًا لصحيفة وقائع مارس 2020 الصادرة عن معهد سياسة الهجرة (MPI). وهو مركز أبحاث غير حزبي تأسس في عام2001. فإن 6 ملايين عامل مهاجر يساعدون في الحفاظ على صحة سكان الولايات المتحدة وتغذيتهم خلال هذا الوقت [135]

على وجه التحديد. ذكرت MPI أن المهاجرين يقدمون مساهمات كبيرة. سواء في الرعاية الصحية مباشرة أو في الخدمات الأساسية الأخرى. بعض الأرقام المحددة هي كما يلي: الناس الذين تم تحديدهم على أنهم مولودون في الخارج يمثلون نسبة ملحوظة من المهن التي تستجيب مباشرة للوباء. وهذا يشمل 29% من جميع الأطباء و38% من مساعدي الصحة المنزلية. يمثل المهاجرون أيضًا عددًا كبيرًا من العمال الذين يقومون بتنظيف غرف المستشفى وموظفي متاجر البقالة وإنتاج الطعام.

في أبريل 2020. كتبت MPI أيضًا أن 2.1 مليون مهاجر في الولايات المتحدة يعملون في وظائف إنتاج الغذاء. تشمل هذه الوظائف زراعة وحصاد ومعالجة وبيع المواد الغذائية. الأفراد المولودين في الخارج لهم دور أساسي في إطعام أمريكا. بين عامي 2014 و2018 كانوا يشكلون 22% من العاملين في سلسلة التوريد الغذائية الأمريكية التي تشمل زراعة وحصاد ومعالجة ونقل وبيع الطعام للأسر الأمريكية. [136]

من الحقل إلى المائدة. يشكل المهاجرون 30% من جميع العمال الزراعيين. و27% من العاملين في إنتاج الغذاء. و17% من عمال النقل. و23% من تجار البقالة / المنتجات الزراعية بالجملة. و37% من صناعة تجهيز اللحوم. و34% من العمال في المخابز التجارية. 31% من العاملين في صناعة حفظ الفاكهة.

والخضروات. و26% من العاملين في صناعات تجهيز المأكولات البحرية. وفي الولايات المتحدة. يعمل ما يقدر بنحو 483 ألف شخص من المولودين في الخارج في متاجر البقالة. ويمثل هذا 16% من حوالي 3 ملايين عامل تجزئة للبقالة وهكذا. فإن الوباء الحالي يعلمنا أن العديد من الناس الذين نعتبرهم يتمتعون بمهارات أقل هم في الواقع مهمون لصحة الاقتصاد وهم العاملون الأساسيون الذين يساعدون في استمراره خلال الأزمات. [136]

لأسباب واضحة. يعد توفر العاملين في مجال الرعاية الصحية أيضًا أحد الاعتبارات الأساسية خلال جائحة COVID-19. بالنظر إلى أن الفيروس له تأثير دولي. نحتاج إلى معالجة شكل هذا التوافر على نطاق واسع أحد مصادر المعلومات هو منظمة التعاون الاقتصادي والتنمية (OECD). وهي هيئة اقتصادية حكومية دولية. تشير منظمة التعاون الاقتصادي والتنمية (OECD) إلى أن واحدًا من كل ستة أطباء من بين الدول الأعضاء البالغ عددها 37 دولة قد درس في الخارج. هذا الاتجاه آخذ في الازدياد. على مدى العقد الماضي. زاد عدد الأطباء والممرضات المولودين في الخارج بنسبة 20%. باستخدام أمثلة محددة. من الملاحظ أن المهاجرين يشكلون 12% من القوة الصحية في المملكة المتحدة ويشكلون 17% من هؤلاء المهنيين في الولايات المتحدة. خلصت ورقة بحثية نشرها عباس أدجاني في 2 كانون الأول (ديسمبر) 2019 إلى أن المملكة المتحدة لديها واحد من أعلى أعداد الأطباء والممرضات المولودين في الخارج. من بين دول الاتحاد الأوروبي الأخرى. يمثل الأطباء المولودين في الخارج أكثر من 20% من جميع الأطباء في السويد والدنمارك وألمانيا تمثل الممرضات المولودات في الخارج أكثر من 15 %من إجمالي القوى العاملة التمريضية في النمسا ولاتفيا وألمانيا. [137]

يتم توظيف هؤلاء المهنيين المهاجرين بشكل غير متناسب في وظائف الخطوط الأمامية ,باختصار. من المرجح أن يكون المهاجرون أكثر من أي عاملين صحيين آخرين في الاستجابة لوباء كوفيد19. [138]

باختصار. يعمل عدد كبير من الناس المولودين في الخارج في وظائف إنتاج خدمات الغذاء والرعاية الصحية. إنهم يقدمون مساهمة كبيرة لرفاهيتنا. ومع ذلك. نظرًا لطبيعة وظائفهم. فإن هؤلاء العمال معرضون بشكل خاص لخطر الإصابة بكوفيد 19 في كثير من الأحيان يضحون بصحتهم وحتى بحياتهم في

خدمة الآخرين. على سبيل المثال. وفقًا لمنظمة العفو الدولية. فإن 30.5% من الوفيات الناجمة عن فيروس كورونا من بين 1077 من العاملين في مجال الرعاية الصحية الذين لقوا حتفهم في تلك المرحلة (سبتمبر 2020) ولدوا خارج الولايات المتحدة. [139]

المشكلة مسبقّة الوجود

أظهرت الإحصاءات حتى قبل ظهور كوفيد - 19 أنه لا يوجد عدد كافٍ من العاملين في مجال الرعاية الصحية. تقدر منظمة الصحة العالمية (WHO). على سبيل المثال. أن النقص العالمي في هؤلاء العمال يستلزم 4.3 مليون طبيب وممرض وغيرهم من المهنيين الصحيين غالبًا ما يكون هذا النقص

أكثر وضوحًا في البلدان النامية نظرًا لأن لديها عددًا محدودًا من المؤسسات التعليمية التي يمكنها تدريب وتعليم المهنيين المطلوبين. يمكن أن تتضرر المناطق الريفية بشدة. بالنظر إلى مواقعها النائية

كما أن العالم المتقدم ليس بمنأى عن مثل هذه المشاكل. كان هناك. على سبيل المثال. ما يقدر بنحو 44000 وظيفة تمريض شاغرة في المملكة المتحدة. إذا استمرت الاتجاهات الحالية. فقد يصل هذا الرقم إلى مائة ألف (100. 000) خلال العقد المقبل. قدرت دراسة عبء المرض العالمي لعام 2017 أيضًا أن الولايات المتحدة ستحتاج إلى مليون ممرض إضافي بحلول عام 2021. وفيما يتعلق بالأطباء الأمريكيين. قُدِّر النقص المتوقع في مكان ما بين 46900 و121.900 بحلول عام 2032. [140] زيادة الاحتياجات الطبية لكبار السن.

يمكن أن يكون لنقص الأطباء والممرضات تأثير سلبي كبير على جودة الرعاية. يمكنهم تقصير الوقت الذي يجب أن يقضيه مقدم الرعاية مع المرضى. والإرهاق. وبالتالي الضغط على الممارسين المتاحين. وزيادة أوقات انتظار الخدمة. وتقليل عدد أسرة المستشفيات المتاحة. وزيادة تكاليف الرعاية الصحية [141].ومن غير المستغرب بالنتيجة تناقص خدمات المرضى.

خلال جائحة كوفيد COVID-19. من المرجح أن يصبح نقص العاملين في الرعاية الصحية أكثر إلحاحًا. تزداد الحاجة إلى الخدمات بشكل كبير ويصاب العاملون الصحيون أنفسهم بالعدوى. أظهرت الأرقام الحديثة. على سبيل

المثال. أن الأطباء والممرضات يمثلون خلال 15% من الإصابات في ووهان بالصين و14% في إسبانيا. و10% في إيطاليا. وفقًا لمقال نشرته منظمة العفو الدولية في 3 سبتمبر 2020. توفي ما لا يقل عن 7000 عامل صحي في جميع أنحاء العالم بعد الإصابة بـ كوفيد COVID-19 في تلك المرحلة. من بين هؤلاء 1320 من المكسيك و 1077 في الولايات المتحدة و 634 في البرازيل و 240 في جنوب إفريقيا و 573 في الهند .139 هذه هي أفضل الأرقام المتاحة أثناء كتابة هذا الكتاب. ومن المؤكد أنها ستستمر في الزيادة حتى تنحسر الجائحة.

كما يتضح من هذه الأرقام. فإن العاملين في مجال الرعاية الصحية المهاجرين لديهم وظائف أساسية في توفير الرعاية الحرجة إلى جانب زملائهم المولودين في البلاد. خاصة أثناء الوباء. يلعب الأطباء المولودون في الخارج دورًا كبيرًا بشكل خاص في توفير الرعاية الصحية للمجتمعات الريفية والمحرومة. كما أنهم يميلون إلى خدمة المزيد من كبار السن والمعوقين في دور رعاية المسنين وغيرها من مرافق الرعاية طويلة الأجل. في الولايات المتحدة في عام 2020. يشمل مقدمو الرعاية الصحية ما يقدر بنحو 29000 شخص يخضعون لسياسة العمل المؤجل للقادمين إلى الطفولة (DACA). من غير الواضح كيف ستؤثر سياسة الهجرة الأمريكية على هؤلاء العمال. لكن من المؤكد أنهم. في الوقت الحاضر. يلعبون دورًا بالغ الأهمية في البنية التحتية للرعاية الصحية في الولايات المتحدة.

نظرًا لجميع الظروف الموضحة أعلاه. يجب أن يكون كوفيد 19 منب. يعلمنا التاريخ أنه ليس آخر جائحة ستواجهه البشرية. حتى في ظل الوباء الحالي . من المحتمل أن تحدث أوبئة أخرى في أجزاء مختلفة من العالم. هل يمكننا أن

نتعلم كيف نكون أكثر استعدادًا؟ ما هي الدروس التي يمكننا تطبيقها؟ ما هو الدور الذي يلعبه المهاجرون في تطوير هذه الخطط ؟

أشياء للاعتبار

تشير جميع الأدلة إلى أن الأوبئة ستصبح شائعة بشكل متزايد في المستقبل. من المحتمل أن يكون هذا بسبب زيادة السفر والتكامل العالميين. والتحضر. والتغيرات في استخدام الأراضي. وزيادة استخدام البيئة الطبيعية. نظرًا لشيخوخة السكان لدينا. يعاني المزيد من الناس من حالات طبية أساسية. لذا سيكونون أكثر عرضة للأعراض الشديدة وحتى التي تهدد حياتهم.

بدون تدخل. ستواجه الشيخوخة وتزايد عدد السكان نقصًا أكبر في العاملين الصحيين مما هو عليه اليوم. على وجه التحديد. قدرت منظمة الصحة العالمية أنه بحلول عام 2030 سيحتاج العالم إلى 15 مليون عامل إضافي من هؤلاء العمال. يمكن للمهاجرين المساعدة في سد هذا النقص.

هل توجد حلول؟ كما قال الفيلسوف أفلاطون في اليونان القديمة. «الضرورة هي أم الاختراع.» أظهر لنا كوفيد COVID-19 أنه يمكن التغلب على الحواجز التقليدية التي تحد من العاملين في مجال الرعاية الصحية المولودين في الخارج من مزاولة مهنتهم في بلد جديد. بدافع من حالة طوارئ كوفيد COVID-19 . خففت

العديد من الولايات القضائية القيود المفروضة على العاملين الصحيين المدربين في الخارج والمولودين في الخارج في البلدان ذات الدخل المرتفع للتعامل بشكل أفضل مع هذه الأزمة. هناك تقارير تفيد بأن العاملين في مجال الرعاية الصحية قد تم نقلهم جوًا إلى البلدان المتضررة بشدة من الخارج (على سبيل المثال. تم إرسال الأطباء الصينيين والكوبيين والألبان إلى إيطاليا). تم استدعاء الأطباء اللاجئين الذين ليس لديهم تراخيص محلية في ألمانيا وتم تسريع هجرتهم في المملكة المتحدة. في الولايات المتحدة. سمحت مدينة نيويورك للأطباء المدربين في الخارج بالعمل. هناك بالتأكيد أسبقية طويلة الأجل لقبول العاملين في مجال الرعاية الصحية الدوليين عند مواجهة النقص المحلي. على سبيل المثال. هاجر عدد كبير من الممرضات الفلبينيات إلى الولايات المتحدة. حيث ذكرن إلى حد كبير في الستينيات بموجب ما كان يُعرف وقتها ببرنامج تبادل الزائرين.

فيما يلي بعض التوصيات الأساسية للمستقبل:

التوصيات

إذا نظرنا إلى الحقائق بدلاً من السياسة. فعلينا أن نعترف بأن جائحة كوفيد 19أصابت العالم بالتباطؤ لم نكن مستعدين للوقاية من المرض أو تقليله أو علاجه بفعالية. لتجنب المرض في المستقبل وحتى الموت على هذا النطاق الواسع. يجب أن نضع أنظمة متطورة وفعالة في مكانها الصحيح. على الأقل يجب أن 1) تشمل في وقت مبكر

طرق التحذير التي تنبهنا إلى حالات تفشي المرض بمجرد حدوثها. 2) تتبع المسارات المحلية والدولية للمرض. 3) حشد طرق الحد من الانتشار. 4) إبقاء الجمهور على اطلاع تام بالمواصفات المعروفة حول المرض وكيف يمكن للناس حماية أنفسهم. 5) لديهم نظام يوجه العلاجات وموارد الرعاية الصحية (كل من مقدمي الخدمة والمواد) إلى حيث تشتد الحاجة إليها. و6) تنشيط البحث الذي يحدد العامل الممرض بما في ذلك طرق الانتقال لتطوير) تدابير وقائية فعالة (مثل اللقاحات والعلاج في الوقت المناسب ولكن بطريقة آمنة.

بعض إن لم يكن كل هذا يتطلب تنسيقًا عالميًا. يمكن للخبرات الدولية التي يجلبها المهاجرون إلى طاولة المفاوضات أن تساعدنا في اتخاذ خيارات جيدة. يمكنهم أيضًا تسهيل نتائج العلاج الجيدة. بالإضافة إلى تقليل النقص الأساسي في مقدمي الخدمات. قد يكون للأطباء والممرضات المدربين في الخارج وغيرهم من المتخصصين في الرعاية الصحية والعلماء. على سبيل المثال. معرفة مفيدة حول الظروف الوطنية والثقافية المتعلقة بالصحة في بلدهم الأصلي. قد يشمل ذلك معلومات حول الثقة أو عدم الثقة في اللقاحات. لم يتعرض. الناس من دول مختلفة بالضرورة لظروف مثل تلك التي تؤدي إلى عدم الثقة في أبحاث الرعاية الصحية بين المجتمعات الملونة في الولايات المتحدة. هناك حاجة إلى المعرفة حول التجارب المختلفة مع اللقاحات عبر مختلف البلدان لتشكيل جهود التوعية المركزة.

كل هذا سيتطلب منا إعادة التفكير في قوانيننا وسياساتنا الحالية. في الولايات المتحدة. على سبيل المثال. أدت إلى صعوبة دخول المهنيين (H-1B). التغييرات

الأخيرة في السياسة حول التأشيرات (على سبيل المثال الطبيين والخبراء العلميين للبلاد. الحركة السريعة للعاملين الصحيين. وهذا من شأنه أن يسمح للبلدان الاقل اصابة بإرسال عاملين صحيين إلى حيث تشتد الحاجة إليهم في أي وقت.

حتى داخل بعض البلدان. لدى مختلف الولايات القضائية متطلبات وإجراءات مختلفة لترخيص الرعاية الصحية. في الولايات المتحدة. على سبيل المثال. يميل مقدمو الخدمة إلى الحصول على ترخيص من قبل الدول الفردية وليس على المستوى الوطني. نشك بشدة في أن هذا النظام مدفوع بالسياسات الإقليمية بدلاً من بعض ضوابط الجودة الحقيقية. كما لوحظ سابقًا. تم تعليق بعض هذه المشكلات مؤقتًا أثناء حالة الطوارىء كوفيد 19 افتراض عدم وجود عواقب سلبية. ينبغي النظر في المزيد من المتطلبات الموحدة (والمعقولة. (

أحد المفاهيم المثيرة للاهتمام هو زيادة توافر المتخصصين في الرعاية الصحية في جميع أنحاء العالم من خلال اتفاقيات التدريب الثنائية بين الدول. وهذا من شأنه أن يسمح للجامعات بتدريب مقدمي الخدمة على الاحتياجات والظروف الخاصة لأكثر من دولة. أحد هذه النماذج هو شراكة المهارات العالمية. (142) وهي تسمح بتوزيع القوى العاملة إلى حيث تشتد الحاجة إليها. تنضم البلدان لتقديم التكنولوجيا المتكاملة والتمويل. في ديسمبر 2018. اعتمدت 163 دولة الميثاق العالمي من أجل الهجرة.

إن شراكات المهارة العالمية Global Skill Partnership) s هي فكرة سياسة محددة وحيدة ومدرجة في هذه الاتفاقية. بشكل عام. وتنطوي هذه الشراكة على ستة أبعاد أساسية. وهذه هي:

1. يعالج ضغوط الهجرة المستقبلية (على سبيل المثال. دمج المهنيين الأجانب في البلدان المضيفة والأثر المالي الذي ينطوي عليه ذلك). يمكن للخطط بعد ذلك تحديد طرق لتقليل أي استنزاف ناتج عن الموظفين المهرة في بلدان المنشأ.

2. وهي تشمل أرباب العمل في البلدان المضيفة والبلدان الأصلية الذين يحددون مهارات معينة ويتدربون عليها. هذا يحسن منحنى التعلم العام للعاملين في مجال الرعاية الصحية وبالتالي يسرع وصولهم إلى السكان الأكثر احتياجًا.

3. يمكنها تكوين شراكات بين القطاعين العام والخاص لتدريب. الناس بشكل فعال على الوظائف شبه الماهرة التي لا تتطلب شهادات جامعية

4. يمكنه إنشاء أو تحسين مجموعات مهارات العمال قبل هجرة الناس.

5. يمكن أن تدمج تدريب المهاجرين مع تدريب غير المهاجرين في وطنهم. في حين أن هذه العملية تتناول الاحتياجات المختلفة. إلا أنها يمكن أن تعزز التعلم على نطاق أوسع بين كلا المجموعتين.

6. يمكن أن يحسن المرونة بحيث يتم بشكل مثالي. تكييف المهارات مع احتياجات محددة في الوطن والبلد المضيف.

طوير استجابة منسقة لحالة الطوارئ ليست جديدة. على سبيل المثال في كاليفورنيا. تدعم أقسام مكافحة الحرائق المختلفة بعضها البعض وتظهر في حرائق الغابات الكبيرة حيث تتطلب الأوبئة نفس النهج. فقط على نطاق أوسع.

المزاولة السريرية خلال كوفيد 19

كما قلنا في بداية هذا الفصل. أثر مرض كوفيد - 19 على صحتنا الجسدية والعقلية. دعونا نشارك بعض الأمثلة الواقعية التي توضح كيف بدا العمل السريري مع السكان المهاجرين أثناء الوباء. ليس من المستغرب أن نضطر إلى تكييف ممارساتنا مع الحفاظ على الجودة والاستمرارية والكفاءة الثقافية أثناء عملنا مع الناس خلال هذا الوقت الحرج. الأمثلة التالية مقتبسة من عمل الدكتورة دولورس ردريغس ريمان.

في أي وقت من الأوقات. يتكون ما يقرب من 45 إلى 70٪ في المائه من ممارستي السريرية من مرضى مهاجرين. في كثير من الأحيان. يعيش عدد غير قليل منهم ويعملون على جانبي الحدود بين الولايات المتحدة والمكسيك. ولد الكثيرون في تيخوانا بالمكسيك وعاشوا طوال حياتهم على الجانب المكسيكي و / أو الأمريكي من الحدود. والبعض الآخر مواطنون أمريكيون مولودون في الولايات المتحدة ويعيشون في المكسيك بعد التقاعد بسبب رخص السكن والتكلفة العامة للمعيشة هناك.

هذا ليس مفاجئًا لأن سان دييغو وتيخوانا لديهما اقتصاد مزدحم ومتشابك. يعتبر ميناء الدخول الرئيسي الذي يربط بين البلدين رابع أكثر المعابر البرية ازدحامًا في العالم. تحت الظروف المعتادة. ما يقرب من 70.000 مركبة متجهة شمالاً و20.000 من المشاة المتجهين شمالاً يعبرون الحدود كل يوم. يؤدي مزاولة العمل في هذه البيئة إلى ظهور تحديات ومكافآت. في وقت سابق من هذا الكتاب. قرأت كيف تقدم التقاليد الثقافية بما في ذلك الممارسات الصحية غالبًا عوامل وقائية لمجتمعات المهاجرين). ان تناول النوبالس « nopales « وهو طعام شائع في الثقافة اللاتينية (ومع ذلك يمكن أن تتعارض التقاليد الثقافية في بعض الأحيان مع الحقائق الجديدة. وهذا يمكن أن يترك الأفراد وعائلاتهم في حالة من الاضطراب والمعاناة. توضح الأمثلة التالية هذه النقطة.

التقاليد

في 22 أبريل 2020. كانت الأخبار سيئة بشكل خاص. في وقت سابق من ذلك اليوم و كجزء من طقوسنا الصباحية الجديدة. بحثت أنا وعائلتي عن أخر المعلومات حول "الفيروس». بينما كانت الاتجاهات العامة الوطنية تتحسن في بعض الأماكن. شهدت مناطق أخرى زيادة في أعداد المصابين والمرضى المحتضرين. حدث كل هذا على خلفية متنامية من الاحتجاجات التي طالب فيها الناس "بفتح الولاية / المحافظة."

في ذلك الصباح. أعلنت الخدمات الصحية والإنسانية في مقاطعة سان دييغو عن 15 حالة وفاة جديدة بفيروس كورونا. وهو حسب عناوين الأخبار "أعلى إجمالي في يوم واحد حتى الآن" بلغ إجمالي الحالات الجديدة في المحافظة 2434 حالة . والتي تضمنت 87 حالة وفاة. شعرت أنا وعائلتي بالقلق أيضًا عندما علمت أنه وفقًا لأحدث البيانات. استمرت حالات الإصابة بفيروس كورونا في الازدياد

أسرع بين سكان جنوب الخليج مقارنة بالمناطق الأخرى. نمت الحالات في منطقة سان ايسيدرو بنسبة 111بين 14 أبريل و20 أبريل. حيث ارتفعت من 32 حالة إلى 59 حالة. وبالمقارنة. تضاعفت حالات الإصابة بفيروس كورونافي اوتاي ميسا Otay Mesa و في جميع أنحاء منطقة محافظة

سان دييغو كل 24 يومًا. تضم المنطقة 132 حالة . وهو أكبر عدد في أي رمز بريدي واحد في المقاطعة. كانت ناشيونال سيتي وشولا فيستا. حيث نعيش / نعمل. الأعلى نسبة من الحالات مقارنة بسكانها.

في وقت لاحق من ذلك اليوم. دخل عنوان الأخبار ومخاوفي بشأن الصحة والسلامة في عملي. وتحديداً جلستي مع جوان بطريقة حقيقية للغاية. كان خوان مريضًا لفترة من الوقت. وعملنا من خلال سلسلة من المشكلات. لقد هاجر هو وعائلته من السلفادور منذ سنوات وكان متحمسًا جدًا للعيش في الولايات المتحدة. كان خوان يبلغ من العمر أحد عشر عامًا فقط عندما وقعت الأحداث المأساوية في 11 سبتمبر 2001 في مدينة نيويورك. كان لهذا تأثير شخصي كبير عليه. وقرر المساهمة في سلامة أمريكا. كما قال لي في كثير من الأحيان ". كنت أعرف حينها أنني بحاجة إلى القيام بشيء لحماية أمريكا من الشر" في هذه الحالة الإرهاب». لذلك. عندما تخرج خوان من المدرسة الثانوية. سرعان ما انضم إلى مشاة البحرية" من أجل القيام بدوره» بصفته أحد أفراد مشاة البحرية بعد 11 سبتمبر. رأى خوان نصيبه من الألم والدمار والموت. الذي نتج عن تلك التجارب. أيضًا تضمن عملي على خوان التعامل مع اضطراب ما بعد الصدمة (PTSD) عملنا معًا من خلال قضايا الأسرة والعلاقة التي شكلت عقدنا العلاجي. باختصار. ان خوان شاب ذو ضمير حي ويحاول القيام بالشيء الصحيح. حتى عندما يصبح الأمر صعبًا.

لكن شيئًا ما كان مختلفًا خلال جلستنا في 22 أبريل 2020. بمجرد أن استقبلنا بعضنا البعض عبر الفيديو) كأفضل طريقة لتوفير استمرارية الرعاية لمرضاي أثناء فترة الإغلاق (علمت أن هناك شيئًا ما خطأ. بدا عليه الانزعاج والاستياء. بعد مجاملات الترحيب الأولية. سألته ما الذي كان يضايقه. أوضح أنه كان مضطربًا للغاية وقلقًا ويشعر باليأس. وأضاف أنه لم يتمكن من النوام خلال يومين ولم تكن لديه شهية. بسبب

العمل من المنزل. كان قد تكيف سابقًا مع متطلبات فيروس كورونا للتباعد الاجتماعي بشكل جيد إلى حد ما. ومع ذلك. فقد طرح ذلك اليوم تحديات مختلفة. أخبرني أنه مثل معظم الناس كان يراقب الأخبار للحصول على أحدث معلومات الصحة العامة فيما يتعلق بانتشار الفيروس. هو أيضًا كان قلقًا من أن المنطقة التي نعيش فيها شهدت أكبر عدد من حالات العدوى والمرض والوفاة..عاش خوان و هو أعزب بمفرده لكنه حافظ على

علاقة وثيقة جدًا مع عائلته الأصلية. كانت والدته ربة منزل طوال حياتها في بداية من عمرها. وكانت معرضة بشكل خاص للإصابة بالعدوى بسبب مشاكل مرض السكري ومرض الانسداد الرئوي المزمن ومشاكل في القلب. والده. المتقاعد الآن من خدمة البريد الأمريكية. لا يزال يقوم "بوظائف غريبة" كعامل بارع. وعملت شقيقتا جوان الأصغر سنا في المتاجر المحلية. كان سبب محنة خوان في وقت سابق من ذلك اليوم هو جداله مع والده الذي عرف خطورة مرض فيروس كورونا. ومع ذلك. وفقًا لخوان. رفض الأب قبول أنه بحاجة إلى "تغيير روتينه» . كان خوان حزينًا بشكل خاص لأن والده لم يستسلم بعد لإكمال "الوظائف الفردية" التي وعد بها بعض "الموظفين النظاميين". ربما كان الأمر الأكثر إزعاجًا لخوان هو حقيقة أن والده رفض.

وقف رحلته اليومية إلى مخبز "باناديريا" من أجل "باندولس» الطازج وهوالخبز الحلو اللازم لاستراحة القهوة في فترة ما بعد الظهر «لا هورا ديل كافيسيتو". وهذا تقليد لاتيني قديم.

"Meter el pan dulceen el café es un hábitoSalvadoreño que Muchos disfrutan"

والترجمة: غمس قطعة من الخبز الحلو في فنجان القهوة وهي عادة سلفادورية

يستمتع بها كثير من الناس مثل والدي قال خوان والدموع في عينيه "كما تعلمي. دكتورة والدي يفهم ذلك قال جوان "إنه يحاول فعل" الصواب للبقاء آمنًا وصححاً. ولكن هناك بعض الأشياء التي يشعر أنه يجب أن يفعلها. وإذا لم يستطع فعل هذه

الأشياء. فإنه يتساءل عن كل شيء. ويقول «اذن ما هو الهدف؟»...

تابع خوان: "نعم. أفهم ذلك. ولكن ماذا عن أمي وأخواتي. فأنا منزعج جدًا لأن والدي مجرد أناني. هل تقاليده الثقافية مقدسة للغاية لدرجة أنه يعرض صحة والدتي للخطر؟ في تلك المرحلة من الحديث تشاجرا. شعر خوان أن والده كان "عنيدًا" للغاية وأنه لن يفكر في تغيير وجهة نظره .

تُرِك خوان مع معضلة غالبًا ما كانت تواجهه وهي تجربة ثنائية الثقافة وصراع الأجيال. هو أراد إظهار (الاحترام"respeto") لوالده وقيمة تقاليده.

لكن خوان شعر أيضًا أن مزاولة مثل هذه التقاليد تعرض بقية أفراد الأسرة لخطر غير ضروري للإصابة بمرض كوفيد 19 .

بلدان / دولتان: هاجرت أليخاندرا وشقيقاها الأصغر ووالدتها إلى سان دييغو من تيخوانا المكسيك في عام 2000 . كانت أليخاندرا ممرضة من خلال التدريب وأخت أكبر لأختها الأصغر كارولينا. في عام 2019 عندما تم تشخيص إصابة كارولينا بسرطان الثدي. أصبحت أليخاندرا الراعية الرئيسية لها في المنزل. و بصفتها ممرضة أورام في UCSD مركز السرطان بجامعة كاليفورنيا في سان دييغو كانت مؤهلة جيدًا لتقديم تلك المساعدة. بعد العلاج. تغلبت كارولينا على السرطان. لكنها فقدت وظيفتها أثناء ذلك. نتيجة لذلك. اضطر كل من كارولينا وأمهما المسنة للانتقال من سان دييغو إلى تيخوانا بالمكسيك حيث كانت تكلفة المعيشة أرخص بكثير. بينما يعيش أفراد الأسرة الآن في بلدان مختلفة. ظلوا قريبين وغالبًا ما كانوا يزورون بعضهم البعض ذهابًا وإيابًا كما تفعل العديد من العائلات على طول الحدود الأمريكية المكسيكية.

ثم في أوائل ربيع عام 2020 تسبب فيروس كورونا في إحداث اضطراب في كل شيء. بالنسبة لأليخاندرا وعائلتها. كان الأمر محزنًا بشكل خاص. واصلت أليخاندرا . وهي عاملة أساسية القيام بجولاتها في المستشفى في جامعة كاليفورنيا في سان فرانسيسكو. بذلت والدتها وأختها قصارى جهدهما أثناء وجودهما في تيخوانا. اقتصرت المعابر الحدودية على السفر الضروري من قبل كل من الولايات المتحدة وحكومتي المكسيك. لم تكن أليخاندرا. التي تعمل في نوبات ساعات طويلة في المستشفى. لديها الطاقة وشعرت أنه من الخطر في أحسن الأحوال زيارة والدتها وشقيقتها خوفًا من تعريضهما للفيروس. ومع ذلك. واجهت كارولينا والأم تحدياتهما الخاصة أثناء عيشهما في تيخوانا. بعد بداية بطيئة. اتبعت حكومة تيخوانا المحلية خطى سان دييغو في جعل الناس يعملون عن بعد ووضع إجراءات البقاء في سكانهم وإجراءات التباعد الاجتماعي لاحتواء انتشار الفيروس بين السكان.

كانت نوبات القلق والذعر التي تعرضت لها أليخاندرا مؤخرًا مدفوعة بالقلق على سلامتها من) الإصابة بفيروس كورونا أثناء عملها في المستشفى. (و من المرض . ومن عدم قدرتها على إعالة نفسها وعائلتها التي تعيش في المكسيك. وقد تفاقمت هذه المخاوف بسبب الإحباط من أن كارولينا والأم قد اقتنعتا أنهما إذا تمسكتا بالعلاجات

التقليدية "تي دي مانزانيلا" (شاي البابونج) و "كوتشاراداس دي فيناجر" (شرب خل التفاح) و "سوباداس" الكحول "فرك الجسم بالكحول. سيكونون محميين من" الفيروس ". تبادلت أنا وأليخاندرا العديد من المحادثات حيث نؤمن وندعم فكرة أن الطب التقليدي والعلاجات مفيدة.

خاصة إذا كان المريض يؤمن بفائدتها. لكن في هذه الحالة. اتفقت أنا وأليخاندرا على أن إيمان عائلتها بهذه الممارسات التقليدية من شأنه أن يترك لهم شعورًا زائفًا بالأمان ويعرضهم لخطر أكبر للتعرض والإصابة كان هذا محزنًا بشكل خاص لأليخاندرا لأن نوبات السرطان تركت أختها كارولينا تعاني من ضعف في جهاز المناعة. كانت والدتها أيضًا في خطر نظرًا لسنها وظروفها الصحية. وبصفتها مقدم رعاية صحية على الخطوط الأمامية. رأت أليخاندرا الدمار الحقيقي الذي يمكن أن يجلبه كوفيد

ومع ذلك. فقد شعرت حسب كلماتها بالعجز عن رعاية أسرتها عندما "كانوا في أمس الحاجة إليّ".

نظرًا لأنني أفكر في مستقبل ممارستي الخاصة حيث اتابع تحديثه باستمرار لما بعد كوفيد 19 من خلال توجيهات مركز السيطرة على الأمراض (CDC) والجمعية الأمريكية لعلم النفس) (APA وآخرين. أفكر فيما ستترتب عليه مسؤوليتنا الأخلاقية والمعنوية حيث من المحتمل أن نعيد فتح عياداتنا ونعود إلى الوضع "الطبيعي".

قبل أن يجف الحبر على هذا الكتاب ويتم وضع جميع التوصيات / الجداول الزمنية المحددة. أدرك وأحزن أن ممارستي سوف تتغير بشكل كبير في المستقبل المنظور. لم يعد بإمكاني تحمل افتقاد "calurosoabrazo" التحية التقليدية المشتركة مع مرضاي وخاصة كبار السن والذين يعانون من ضعف المناعة. يمكن لزوجي. الذي

تستلزم ممارسته تقديم خدمات للعديد من المرضى اللاجئين. اللذين يحضرون في الغالب مع أربعة إلى ستة أفراد من الأسرة والأقارب مع المريض في المواعيد المحددة. إنها قاعدة شرق أفريقية.

لا شك أن التباعد الجسدي يتعارض مع مثل هذه العادات ويكون له تأثير ضار على العمل الذي نقوم به. وبينما أحزن على فقدان ما كان "في السابق». أعتقد أنه مع مرضاي يمكننا إنشاء طرق للتواصل والتنقل في المستقبل.بحيث يمكننا الاحتفاظ بما هو ضروري بطريقة جديدة آمنة.

الأسئلة المهمة

- كيف أثر جائحة كوفيد 19على حياتك؟
- ماذا عن حياة أحبائك؟ COVID-
- كمهاجر. كيف أثرت هذه الهوية على الطريقة التي تحتاجها للتعامل مع الصعوبات المرتبطة ب كوفيد 19؟
- ما هي استراتيجيات المواجهة التي نجحت أو لم تنجح معك؟
- ما هو الدور الذي تريد أن تلعبه في مجتمع ما بعد الجائحة؟
- ما الذي سيساعدك على تحقيق هذا الهدف؟ ما الذي تستطيع القيام به؟
- إذا كنت تعمل في مجال الرعاية الصحية. فهل يمكنك الدعوة للتغيير داخل مهنتك
- وجمعياتها وترخيصها ما الذي تستطيع القيام به؟
- إذا كنت تعمل في مجال الرعاية الصحية. فهل يمكنك الدعوة إلى التغيير داخل
- مهنتك وجمعياتها وهيئات الترخيص الخاصة بك؟
- حتى لو لم تكن في مجال الرعاية الصحية. كيف يمكنك الدعوة لمثل هذا التغيير مع المسؤولين المنتخبين؟

الخاتمة

لا تصل العديد من النظريات المتطورة ونتائج البحث والتجارب المهنية إلىالخطاب العام. وتبقى في المجلات والكتب الخاصة بالمهن التي تحتوي على الكثير من المصطلحات الفنية والصعبة للقراءة ناهيك عن فهم الشخص العادي. هذا صحيح بالنسبة لمواضيع الهجرة كما هو الحال في مواضيع المجالات الأخرى.

نأمل أن يقدم في هذا الكتاب معلومات احترافية أكثر سهولة حول تجارب الهجرة المشتركة. لقد أضفنا أيضًا بعض الأمثلة من حياتنا الخاصة وعملنا على توضيح كيفية المفاهيم المجردة التي يمكن فهمها في العالم الحقيقي.

ما هي النقاط الرئيسية التي نأمل أن يأخذها الناس من هذا الكتاب؟ حدثت الهجرات منذ أن كان هناك أناس على كوكب الأرض. لا توجد مؤشرات على أن هذا سينخفض او يتوقف، حقيقةً أصبحت علاقات الترابط متزايدة على مستوى العالم. وقد يكون تغير المناخ أيضا عامل متنام يحث على الهجرة.

لحسن الحظ، الهجرة شيء جيد. يمكنها تنشيط مجتمعاتنا. كما قال رئيس الولايات المتحدة جون إف كينيدي ذات مرة "لقد أثرى المهاجرون وعززوا نسيج الحياة الأمريكية في كل مكان" وتخبرنا الإحصاءات الواردة في هذا الكتاب عن الحاجة الشديدة للاجئين،

نحن بحاجة إلى الاستثمار مقدمًا. لكن أيضًا، إذا فعلنا ذلك بحكمة، فإن الفوائد النهائية تفوق بكثير التكاليف الأولية. في الوقت نفسه، تجلب الهجرة العديد من التحديات لكل من المهاجرين أنفسهم والبلدان التي سكنوها. الناس يغادرون بلادهم في الأصل لأسباب عديدة. ينتقل البعض لأنهم يريدون العمل معه زملاء يشاركونهم اهتماماتهم العلمية أو المهنية. يأتي البعض لمزيد

من الفرص المالية في اقتصاد عالمي متزايد. ويأتي البعض للهروب من الجريمة والفقر والحرب والاضطهاد.

على الرغم من هذا التنوع في الناس وأسباب الهجرة يشترك المهاجرون في بعض التحديات العالمية. قد يكون الانتقال إلى أي مكان جديد أمرًا مرهقًا في أفضل الظروف. غالبًا ما يُطلب من الناس تعلم لغات وعادات وممارسات وأنظمة غذائية جديدة وحتى على أي جانب من الطريق يقودون. وهناك فقط حاجة إلى مهارات معينة للعمل في عالم جديد. ولكن الجانب الجيد هنا. كما قد أظهرت أبحاث التثاقف ان ذلك لا يتطلب تعلممهارات جديدة و أن لا نتخلى تلقائيًا عن جوهر هويتنا الشخصية كمهاجرين من أجل التثاقف في المجتمع الأوسع، نحن بحاجة إلى التعلم كيف يمكننا الحصول على أفضل نظام فردي ولكنه منسق و يساعد الوافدين الجدد على الاندماج في المجتمع الأوسع. وهذا يشمل تهذيب التحولات المهنية، والقضاء على حواجز الرعاية الصحية العقلية والبدنية و تعزيز صمود المهاجرين والتغلب على التحيزات الشخصية تجاه الاشخاص الذين يبدون مختلفين عنا وما اعتدنا عليه .هذا لا يعني ان علينا أن نكون ساذجين وأن ندع الجميع يدخلون أبوابنا. هناك في العالم اناساً سيؤون ، ويجب أن نظل يقظين لهذا الواقع .ولكننا نستطيع اتخذ أيضًا خطوات لتقليل احتمالية أن الأشخاص الذين يشعرون أن ليس لهم مستقبل في "الدعاية الكاذبة" التي وضعتها المجموعات الراديكالية الاجرامية.

هذه الأنواع من الجهود تصب في مصلحتنا. علي الاكثر كما أظهرت مؤخرًا جائحة كوفيد 19 ان لدينا نقصًا في كل أنواع المهن الحرجة بما في ذلك الرعاية الصحية .وان بعض المهاجرين أكثر من مؤهل لملء الفراغ .إذا كانوا يتحدثون لغات متعددة و لديهم خبرة دولية لكان ذلك أفضل بكثير .

لا يزال الأفراد والمجتمعات في كثير من الأحيان يلعبون ما يسمى "لعبة محصلتها صفر ". يفترض هذا الموقف أن هناك موارد محدودة في العالم ونحن جميعًا في منافسة و.ما تحصل عليه ، لن أحصل عليه ، والعكس صحيح .لكن الابتكار والتكيف هو من أعظم نقاط القوة لدى البشر.فإذا تعلمنا استخدام هذه الصفات لزيادة الموارد ، فإننا نفوز جميعًا. . يمكن أن يشكل المهاجرون جزءًا كبيرًا من هذا الطريق إلى الأمام.

قائمة المصطلحات

التثاقف: عرَّف التثاقف عمومًا على أنه تعديل ثقافي وتكيف الفرد أو المجموعة أو الناس من خلال الاندماج وتعلم السمات والأعراف من ثقافة أخرى. التثاقف ليس مقاسًا واحدًا يناسب الجميع حيث أنه مفهوم يمكن أن يأخذ عدة أشكال.

معاناة التثاقف: تشير إلى التحديات النفسية التي ينطوي عليها في التكيف مع ثقافة جديدة. يمكن أن تكون هذه المعاناة قوية خاصةً عندما يتضمن التثاقف تغييرات كبيرة في الحياة مثل تعلم لغة جديدة و انحدار الوضع الاجتماعي والاقتصادي ، ومواجهة التمييز في بلدجديد، وما إلى ذلك .تم الاعتراف بمعاناة التثاقف كواحد من مجالات الاهتمام السريري في التصنيف الدولي للأمراض ، المراجعة العاشرة ICD- 10، و كتاب التشخيص والمرجع الاحصائي الطبعة الخامسة (DSM-5).

انكلو: تشير اللغة الإنكليزية عمومًا إلى الأشخاص الناطقين باللغة الإنجليزية سكانالأمريكتين. إنه مصطلح يستخدمه اللاتينيون غالبًا لوصف الأشخاص البيض المولودون في الولايات المتحدة، على الرغم من أن هذا ليس التطبيق الحصري.

القلق: هو حالة عاطفية غالبًا ما تتميز بالخوف والعصبية الهياج والقلق والأرق. إذا لميكن شديداً و / أو مستمرًا، يمكن أن يكون القلق جزءًا طبيعيًا من الحياة. لكن القلق أكثر شدة الذي يتدخل مع أنشطة الحياة اليومية يمكن أن تتطلب تشخيصًا سريريًا وتتطلب ذلك علاج او معاملة. يمكن أن يؤدي القلق الشديد إلى نوبات هلع تشمل مثل هذه الأعراض الجسدية مثل ضيق التنفس وزيادة ضربات القلب والتعرق والوخز والغثيان ومعاناة في الجهاز الهضمي.

الاستيعاب (الثقافي): هو العملية التي يقوم بها المهاجر و / أو مجموعة أقلية

تأخذ قيم وسلوكيات ومعتقدات الثقافة المهيمنة داخل بلد أو منطقة. على عكس بعض أشكال التثاقف الأخرى. يفترض الاستيعاب عمومًا أن العملية تنطوي أيضًا على فقدان الأعراف والمعتقدات والعادات والقيم الثقافية التي اعتنقها الناس سابقًا.

اللجوء: هو مصطلح يستخدم في سياق اللاجئين الذين كانوا منحوا وضع هجرة قانوني محدد في بلد دخلوا إليه لمنحهم حق اللجوء، يجب أن يظهروا أنهم تعرضوا للاضطهاد في في الماضي أو أن لديهم خوفًا مبررًا من التعرض للاضطهاد في المستقبل يجب أن يعودوا إلى بلدهم الأصلي. الناس يفرون من منازلهم في كثير من الأحيان في عجلة من أمرهم. لا ميل إلى الحصول على الكثير من الوثائق الرسمية حول التهديدات التي تعرضوا لها .

الأهلية الثقافية: يحدد مكتب صحة الأقليات في الولايات المتحدة هذا ك "القدرة على العمل بفعالية كفرد و التنظيم في سياق المعتقدات والسلوكيات والاحتياجات الثقافية التي قدمها المستهلكون ومجتمعاتهم". تؤكد أبحاث الكفاءة والدعوة عالميًا وثقافيًا أيضًا. على هذا النحو والسعي إلى فهم الترابط بين المناطق والمجموعات الثقافية و تغير المناخ والنظم البيئية والوقائع السياسية لأنها تؤثر على الصحة والسلامة.

الإجراء المؤجل للاطفال القادمين (DACA): هو (بحسب هذه الكتابة) برنامج هجرة أمريكية يسمح لبعض المهاجرين الذين لديهم أطفال ولم يرتكبوا جرائم وتم إحضارهم إلى الولايات المتحدة ليتم إعطاؤهم التأجيل الذي يمنعهم من الترحيل ويسمح لهم بالعمل في الولايات المتحدة ليكونوا مؤهلين للبرنامج، لا يمكن أن يكون لدى المستفيدين اي جنايات أو جنح جسيمة في سجلاتهم. لا تؤهلهم للمواطنة. تم تنفيذ السياسة من قبل الرئيس باراك أوباما ومنذ ذلك الوقت 15 يونيو 2012. حصل خلاف في السياسة الأمريكية حوله، و لا يزال، مستقبل المهاجرين الذين يندرجون فيه غير مؤكد.

الاكتئاب: هو اضطراب عقلي غالبًا ما يتسم بالحزن والعزلة الاجتماعية ومشاكل النوم و نوبات البكاء و فقدان الاهتمام بمختلف الأنشطة التي كانت ممتعة في الماضي وانخفاض الطاقة البدنية وانخفاض الثقة بالنفس وصعوبات التركيز وكذلك أ مجموعة من الأعراض الأخرى. في الظروف الأكثر خطورة يمكن أن يؤدي إلى افكار انتحارية.

أو حتى القيام بالانتحار. يمكن أن يكون سبب الاكتئاب ضغوط بيئية / مشاكل شخصية، وعوامل بيولوجية / وراثية، مرض خطير او آثار جانبية لاستعمال أدوية معينة او ما بعد الحمل. ويمكن أن يكون بعضها قصير وعابر بينما الأخر يحدث مرارًا وتكرارًا.

التمييز: هو السلوك الأساسي الذي ينشأ من التحيز وهو معاملة غير عادلة لمجموعات من الناس و. يمكن ان يستهدف احدى هذه المجموعات على أساس العرق ولون البشرة والجنس والأصول القومية والتوجه الجنسي والإعاقة والدين، وغيرها عوامل كثيرة.

الهوية العرقية: هي الدرجة التي يتعرف بها الشخص على مجموعة أو مجموعات عرقية معينة. تم افتراض هذا بما في ذلك الطريقة التي نفهم بها ونصنفها ونشعر بها تجاه المجموعة التي نتعرف عليها أيضًا كمجموعات أخرى. يميل إلى أن ينعكس في الإجراءات التي نتخذها حول هذه مسائل. باختصار، هذه هي الطريقة التي نرى بها أنفسنا ومكاننا في المجتمع. ليس ثابتة ولكن يمكن أن تتغير مع نضوجك واكتساب خبرات جديدة. المفهوم يمكن توسيعها لتشمل "الهوية الثقافية" التي تشمل التوجه الجنسي او الدين أو الروحانية والوضع الاجتماعي والاقتصادي والعديد من التجمعات لأخرى.

الذكاء العاطفي: هو القدرة على الإدراك والتحكم والتعبير عن مشاعر المرء بشكل فعال. يزيد الذكاء العاطفي القوي فرصة أن يكون الشخص قادرًا على التعامل مع العلاقات الشخصية بعناية وبتعاطف. غالبًا ما يُعتقد أن الذكاء العاطفي لها خمسة مكونات أساسية: الوعي الذاتي، والتنظيم الذاتي، والداخلي الدافع والتعاطف والمهارات الاجتماعية.

المواطن الأجنبي: هو شخص يحمل جنسية دولة أجنبية.

الطلاب الأجانب: هم أولئك الذين يأتون للدراسة في بلد أجنبي بموجب تأشيرة

تأشيرة تعليمية معينة في الولايات المتحدة 1 M- أو 1F- ، يمكن أن يكون هؤلاء الطلاب الذين يدرسون في بلد آخر غير بلدهم ويكون ذلك غالبًا على فرضية أنهم سيعودون إلى الوطن عند الانتهاء من الدراسة.

الوضع الجيلي: يشير إلى المدة التي يستغرقها الفرد في بلد إذا كان مولودًا في الخارج، فأنت تعتبر "جيل أول. "إذا كان والداك قد ولدا في بلد أجنبي وتكون انت «جيل ثاني» اذا ولدت في بلد الهجرة.

نموذج الاعتقاد الصحي (Health Belief Model HBM): هو بناء اجتماعي / نفسي يسعى إلى شرح وتنبؤ إجراءات متعلقة بالصحة واقتراح أن معتقدات الناس حول المشاكل الصحية، والفوائد المتصورة للعمل، والعوائق التي تحول دون مثل هذا الإجراء، والفاعلية الذاتية تفسر لماذا يؤدون أو لا يؤدون سلوكيات صحية. لقد وجد بحثنا أن الأجزاء المختلفة من HBM كلها مهمة. لكن كيف يتواصلون ويتفاعلون بينهم يمكن أن يختلف من ثقافة إلى أخرى.

الثقافة الثنائية المتكاملة العالية: هي نوع من التثقف الذي يحتفظ فيه الناس بالممارسات ذات الصلة ببلدهم الأصلي ولكنهم يتبنونها أيضًا مع ممارسات من بلدهم الجديد. بعبارة أخرى، يحتفظ الناس بدرجة نزاهة لبعض ثقافتهم المنزلية. وفي نفس الوقت، يتعلمون كيفية المشاركة كجزء حيوي من الشبكة الاجتماعية الأكبر لبلدهم الجديد. وهذا يمكن أن يكون النهج "الأفضل للمجتمعين».

الوطن الأم: هو البلد الذي نشأ منه الناس (مثلاً، بالميلاد والجنسية وما إلى ذلك).

البلد المضيف: هو البلد الجديد الذي دخله المهاجرون.

المهاجر هو الشخص الذي جاء ليعيش بشكل دائم في بلد ليس مكان ميلاده و / أو جنسيته. الكلمة المفتاح هنا هي "بشكل دائم" وعلى هذا النحو ، فإنه لا ينطبق على الأشخاص من السياح أو الذين يزورون مقاطعة أجنبية للعمل مؤقتًا

مفارقة المهاجر (المفارقة اللاتينية "Latino paradox" أو المفارقة الهسبانية "Hispanic paradox"): بالاشارة إلى بحث يظهر أن الجيل الأول من المهاجرين يحصلون على نتائج صحية مكافئة تقريبًا أو أفضل في بعض الأحيان من نظرائهم سكان البلاد الاصليين. و هذا يعتبر مفارقة لأن غالبًا ما يكون لدى الجيل الأول من المهاجرين متوسط دخل وتعليم أقل، و العوامل مرتبطة بشكل عام بصحة أسوأ ومعدل وفيات أعلى في باقي أنحاء

العالم.

المهاجر: هو شخص ينتقل من مكان إلى بلد اخر. يتم تطبيق هذا أحيانًا على الأشخاص الذين يأتون إلى بلد أجنبية للعمل (على سبيل المثال، عمال المزارع المهاجرون بشكل دوري وبقصد احتمال العودة).

النوباليس Nopalesis: وهي كلمة إسبانية تعني تين الصبار (Opuntia cacti) انها جزء من النظام الغذائي المكسيكي ويشتهر النوباليس الشائك). غالبًا مايكون جيد للأشخاص الذين يعانون من مرض السكري. في العديد من الدراسات البحثية يمكن أن يساعد في السيطرة على نسبة السكر في الدم. على هذا النحو، فهو مثال من الممارسات التقليدية الفعالة.

العنصرية الملحوظة Perceived Discrimination: لا يُقصد بالعنصرية الملحوظة هنا الإشارة إلى ان تجارب هؤلاء الناس مع العنصرية غير صحيحة. و مصطلح "الملحوظة» هو المستخدم أحيانًا في البحث لأن التصور (الوعي) هو الذي يكون المواقف و الاستراتيجيات السلوكية.

الاضطرابات الشخصية: هي أمراض عقلية طويلة الأمد أنماط الأفكار والسلوكيات غير المرنة والمختلة. يستطيعون يسبب مشاكل خطيرة ومتكررة في جميع جوانب حياة الشخص بما في ذلك العلاقات والعمل. غالبًا ما يكون الأشخاص المصابون باضطرابات الشخصية طائش ومتقلب ويواجه صعوبة في الحفاظ على أي على المدى الطويل العلاقات.

اضطراب ما بعد الصدمة (PTSD): هو حالة عقلية تنشأ في بعض الناس لأنهم عانوا أو شهدوا حدث مرعب مثل حوادث الحرب أو الاعتداء الجنسي أو حادث سيارة كبير أو حادث صناعي مع إصابات جسيمة). يمكن للأعراض الشائعة أن تتضمن أفكارًا تطفلية حول الحدث والقلق الشديد واسترجاع ذكريات الحدث الماضي وتجنب أي شيء يذكر الناس بالحدث والكوابيس والقلق والاكتئاب وصعوبة التفكير والتركيز والانزواء عن الآخرين. يمكن أن يكون اضطراب ما بعد الصدمة شائعًا جدًا في اللاجئين أو الجنود الذين تعرضوا لتجارب سيئة في الحرب

البروموتورا Promotora (عامل صحة الجالية-Community Health Worker): غالبًا ما يكون قد تعلم بنفسه كعضو وقائد في المجتمع اللاتيني

يقدم المشورة الصحية للجيران ولقد كان هذا تقليدًا شائعًا لبعض الوقت. ويميل الباحثون المحترفون منهم الآن إلى عرض أنفسهم لأن لديهم أذن مجتمعهم. وغالبًا ما يقومون بتدريب الأفراد في أماكن الصحة العامة وتوظيفهم كجهات اتصال للحصول على المعلومات المطلوبة حول الوقاية والعلاج والخدمات ذات الصلة بها. والمبدأ المفهوم الأساسي لعامل صحة الجالية لا يقتصر على اللاتينيين. فقد استخدمنا نهج مشابه مع سكان الشرق الأوسط وشرق أفريقيا.

اللاجئ: هو شخص أُجبر على الهجرة منها بلد المنشأ بسبب التهديدات الموجهة إليه. هذا المصطلح قليلا صعب لأنه يتم تطبيقه أحيانًا على نطاق واسع على أي مهاجر كان أجبروا على الهجرة. ولكن على أساس أكثر رسمية، فإنه يميل إلى الإشارة إلى محدد الوضع القانوني. على سبيل المثال، وفقًا للعنوان الثامن من قانون الولايات المتحدة المادة 1100 و1 42 A ، اللاجئ هو أجنبي غير قادر أو غير راغب في ذلك العودة إلى بلده أو بلدها بسبب الاضطهاد أو الخوف المبرر منه الاضطهاد على أساس العرق أو الدين أو الجنسية أو العضوية في أ مجموعة اجتماعية معينة ، أو رأي سياسي. أجنبي لا يمكن أن يتأهل لهذا إذا كان هو أو هي قد اضطهدت الآخرين، فقد أعيد توطينه بحزم في الثلث الدولة، أو تمت إدانته بارتكاب جريمة خطيرة معينة. القانونية المحددة تميل المعايير المتعلقة بوضع اللاجئ إلى الاختلاف من بلد إلى آخر.

التقليدي: يشير في سياق هذا الكتاب إلى المعايير الثقافية والوطنية التي عاشها

المهاجر في بلده الأصلي. في سياق التثاقف ، يختار بعض الناس الحفاظ على هذه المعايير ووتبقى منفصلة نسبيًا عن المجتمع الأوسع الخاص بهم في بلد الهجرة.

الصدمة: يمكن أن تشمل إصابات جسدية أو ضائقة نفسية أو بعضها مزيج من الاثنين. تشير الصدمة الجسدية إلى إصابة خطيرة سريريًا في البدن. غالبًا توصف "كصدمة قوة حادة» او شيء يضرب لكن لا يخترق الجسم بالضرورة. وهذا يمكن ان يسبب ارتجاج، كسور في العظام، وإصابات مماثلة "كصدمة مخترقة" يشير إلى الظروف التي اخترق فيها جسم ما الجلد والبدن، عادة ما يؤدي إلى جرح مفتوح. تشير الصدمة النفسية إلى الإدراك والاضطرابات العاطفية التي يمكن أن تنشأ من واحد أو أكثر من المعاناة من الأحداث (على سبيل المثال، الحرب، والعنف المنزلي،

وحوادث السيارات والحوادث الصناعية والحوادث الجنسية وسوء المعاملة والاستغلال.) بعد تجربة مباشرة أو حتى مشاهدة غالبًا مثل هذا الأحداث تسبب ضغطًا هائلاً لا يستطيع الشخص التعامل معه. في العديد من الحوادث والصدمات الجسدية والنفسية تحدث معًا. أيضا، يعاني بعض الأشخاص من "الصدمة التراكمية" التي لا تشمل واحدًا فقط ولكن مجموعة مطولة من الأحداث المؤذية. مثال على الجانب البدني هو ما يعرف بمتلازمة النفق الرسغي. و في المجال النفسي، سلسلة لا هوادة فيها ما يمكن أن تزيد التجارب السلبية المكربة و. يمكن أن يكون هذا هو الحال حتى لو كانت الأحداث الفردية في حد ذاتها صغيرة نسبيًا (كما في اي اعتداء بسيط).

المـراجـع

1. Segal, R, Raglan, L, Rank, O. "Introduction: In Quest of the Hero". In *Quest of the Hero*. 1990, Princeton, N.J.: Princeton University Press -
2. Sullivan P, Young Adult Literature: Everyone a Hero: Teaching and Taking the Mythic Journey, *The English Journal*.1983;72(7):88-90.
3. United Nations Department of Economic and Social Affairs, news release, 09/17/2019. https://news.un.org/en/story/2019/09/1046562
4. United Nations High Commissioner for Refugees (UNHR). Global Trends: Forced Displacement 2019. UNHCR 2020. http://www.unhcr.org/refugee-statistics
5. ESPMI Network. Reconceptualizing refugees and force migration in the 21st century. May 26, 2015 https://refugeereview2.wordpress.com/
6. International Organization for Migration. *Irregular Migrant, Refugee Arrivals in Europe Top One Million in 2015*. https://www.iom.int/news/irregular-migrant-refugee-arrivals-europe-top-one-million-2015-iom
7. Eurostat News Release 48/2020. *612,700 first-time asylum seekers registered in 2019, up by 12% compared to 2018*. March 20, 2020

8. International Organization for Migration. *Venezuela Refugee and Migrant Crisis*. 2020.https://www.iom.int/venezuela-refugee-and-migrant-crisis
9. U.S. Census Bureau. Net Migration between the U.S. and Abroad Added 595,000 to National Population Between 2018 and 2019. December 30, 2019. https://www.census.gov/library/stories/2019/12/net-international-migration-projected-to-fall-lowest-levels-this-decade.html
10. Carrasco, F dJ V. El víacrucis del migrante: demandas ymembresía (The migrant via crucis: demands and membership). *Trace*2018; 73:117-133.
11. International Committee of the Red Cross, Central American Annual Report, 2019. https://www.icrc.org/en/document/central-america-annual-report-2019
12. Eurostat *Migration and migrant population* statistics: statistics explained May 2020 https://ec.europa.eu/eurostat/statistics-explained/index.php?title=Migration_and_migrant_population_statistics U.S. Department of State – Bureau of Consumer Affairs. Visas https://travel.state.gov/content/travel/en/us-visas/immigrate/employment-based-immigrant-visas.html
13. United Nations High Commissioner for Refugees (UNHR). Refugees. https://www.un.org/en/sections/issues-depth/refugees/
14. 14. United Nations High Commissioner for Refugees (UNHR) Refugees https://www.un.org/en/global-issues/refugees
15. Barnhouse AH, Brugler CJ, Harkulich JT. Relocation stress syndrome. *Nurse Diagnosis*. 1992;3(4):166-168.
16. Berry, J. W., & Kim, U. Acculturation and mental health. In P. R. Dasen, J. W. Berry, & N. Sartorius (Eds.), Cross-cultural research and methodology series, 1988, Vol. 10. Health and cross-cultural psychology: Toward applications (p. 207–236). Sage Publications, Inc.

17. American Psychiatric Association. Diagnostic and statistical manual of mental disorders: DSM-IV-TR. 2000, Washington, DC: Author.

18. American Psychiatric Association. (2013). Diagnostic and statistical manual of mental disorders (5th ed.). Arlington, VA: Author.

19. World Health Organization. (1992). The ICD-10 classification of mental and behavioural disorders: Clinical descriptions and diagnostic guidelines. Geneva: World Health Organization.

20. Ghanem-Ybarra, G.J. (2003). The acculturation process and ethnic self-identification of second generation Christian Palestinian American women (Unpublished doctoral dissertation), California Professional School of Psychology at Alliant International University, San Diego.

21. Cervantes RC, Padilla AM, Napper LE, Goldbach JT. Acculturation-Related Stress and Mental Health Outcomes Among Three Generations of Hispanic Adolescents.*Hispanic Journal of Behavioral Sciences*, 2013; 35(4):451–468.

22. Reimann JOF, Ghulam M, Rodríguez-Reimann DI, Beylouni MF. Project Salaam: Assessing mental health needs among San Diego's greater Middle Eastern and East African communities. *Ethnicity & Disease. 2007 Summer;17(2 Suppl 3):S3-39-S3-41.*

23. Montgomery, J. (1996). Components of Refugee Adaptation. *The International Migration Review. 1996;* 30(3):679-702.

24. Ye, HD, Muhamad, HJ. Acculturative Stress Level Among International Postgraduate Students of a Public University in Malaysia. *International Journal of Public Health and Clinical Sciences.* 2017; 4(4):2289-7577.

25. Berry JW. Acculturation. In the*Encyclopedia of Applied Psychology,* 2004: 27-34. Academic Press,Elsevier: Amsterdam

26. Berry, JW. (2017). Theories and models of acculturation. In S

J. Schwartz & J. B. Unger (Eds.), Oxford library of psychology. The Oxford handbook of acculturation and health (p. 15–28). Oxford University Press.

27. Berry, J. W., Kim, U., Minde, T., &Mok, D. (1987). Comparative studies of acculturative stress. *International Migration Review. 1987;* 21: 491-511.
28. Perez, RM Linguistic Acculturation and Context on Self-Esteem: Hispanic Youth Between Cultures, *Child and Adolescent Social Work Journal.* 2011; 28(3):203-228.
29. Smokowski, PR, Roderick R, Martica LB. "Acculturation and Latino Family Processes: How Cultural Involvement, Biculturalism, and Acculturation Gaps Influence Family Dynamics." *Family Relations. 2008;* 57(3):295-308.
30. Phinney, J., & Haas, K. The process of coping among ethnic minority first-generation college freshman: a narrative approach. *The Journal of Social Psychology.*2003;143:707–726.
31. Tajfel, H., & Turner, J. C. (1986). The social identity theory of intergroup behavior. In S. Worchel& W. G. Austin. Psychology of Intergroup Relations. Chicago, IL: Nelson-Hall. pp. 7–24.
32. American Psychological Association.Discrimination: What it is, and how to cope. October 31, 2019. https://www.apa.org/topics/racism-bias-discrimination/types-stress
33. American Psychological Association, Stress in America 2020. https://www.apa.org/news/press/releases/stress/2020/report-october
34. European Agency for Fundamental Rights. Second European Union Minorities and Discrimination Survey: Main Results, 2017 https://fra.europa.eu/sites/default/files/fra_uploads/fra-2017-eu-midis-ii-main-results_en.pdf

nos worried about their place in America and had experienced discrimination. Pew Research Center. FACTANK, July 22, 2020. https://www.pewresearch.org/fact-tank/2020/07/22/before-covid-19-many-latinos-worried-about-their-place-in-america-and-had-experienced-discrimination/

36. United States Department of Housing and Urban Development, Fair Housing Act. https://www.hud.gov/program_offices/fair_housing_equal_opp/fair_housing_act_overview
37. U.S. Civil Rights Act of 1964. https://www.dol.gov/agencies/oasam/civil-rights-center/statutes/civil-rights-act-of-1964
38. U.S. Equal Employment Opportunity Commission. The Age Discrimination in Employment Act. https://www.eeoc.gov/statutes/age-discrimination-employment-act-1967
39. U.S. Americans with Disability Act. https://www.ada.gov/cguide.htm#anchor62335
40. Lui PP, Quezada L. Associations between microaggression and adjustment outcomes: A meta-analytic and narrative review. *Psychological Bulletin*. 2019 Jan;145(1):45-78.
41. Washington Examiner.https://www.washingtonexaminer.com/washington-secrets/report-illegal-immigration-leads-to-2-200-deaths-118-000-rapes-138-000-assaults
42. Child soldiers.United Nations International Children's Emergency Fund, https://www.unicef.org/media/media_pr_childsoldiers.html
43. Child soldiers United Nations International Children's Emergency Fund, https://www.unicefusa.org/stories/unicef-working-free-child-soldiers-around-world/35474
44. Nesterko Y, Friedrich M, Brähler E, Hinz A, Glaesmer H. Mental health among immigrants in Germany - the impact of self-attribution and attribution by others as an immigrant. *BMC Public Health*. 2019 19(1):1697.

45. Bas-Sarmiento P, Saucedo-Moreno MJ, Fernández-Gutiérrez M, Poza-Méndez M. Mental Health in Immigrants Versus Native Population: A Systematic Review of the Literature. *Archivesof Psychiatric Nursing*. 2017;31(1):111-121.

46. The Soufan Center (2017). Syria: The Humanitarian-Security Nexus, Author

47. Friedman, AR. Rape and domestic violence: the experience of refugee women. In Cole, E., Espin, OM, &Rothblum, ED. *Refugee Women and their Mental Health*. 1992. Harington Park Press: Binghamton: NY

48. Reimann JOF, Christopher R. (2016). The Traumatic Event Sequelae Inventory (TESI): Administration, Scoring, and Procedures Manual (Second Edition). Sparks, NV: Professional, Clinical and Forensic Assessments, LLC.

49. Schnyder U, Bryant RA, Ehlers A, et al. Culture-sensitive psychotraumatology. *European Journal of Psychotraumatology*. 2016; 7:31179.

50. Hinton DE, Lewis-Fernández R. The cross-cultural validity of posttraumatic stress disorder: implications for DSM-5. *Depression and Anxiety*. 2011; 28(9):783-801.

51. Hinton DE, Pich V, Marques L, Nickerson A, Pollack MH. Khyâl attacks: a key idiom of distress among traumatized Cambodia refugees. *Culture, Medicine and Psychiatry*. 2010 Jun;34(2):244-78.

52. Anxiety. American Psychological Association. https://www.apa.org/topics/anxiety

53. Lewis-FernándezR ,Gorritz M , Raggio GA , et al: Association of trauma-related disorders and dissociation with four idioms of distress among Latino psychiatric outpatients. *Culture, Medicine and Psychiatry. 2010*;34(2):219–243.

54. Forte A, Trobia F, Gualtieri F, Lamis DA, Cardamone G, Giallonardo V, Fiorillo A, Girardi P, Pompili M. Suicide Risk among Immigrants and Ethnic Minorities: A Literature Overview. *International Journal of Environmental Research and Public Health.* 2018; 15(7):1438.
55. United Nations Office of Drugs and Crime. Statistics: Drug use. https://www.unodc.org/unodc/en/data-and-analysis/statistics/drug-use.html
56. Dydyk AM, Jain NK, Gupta M. *Opioid Use Disorder*. 2020 Nov 20. In: StatPearls [Internet]. Treasure Island (FL): StatPearls Publishing; 2021 Jan.
57. Centers for Disease Control and Prevention. Overdose Deaths Accelerating During COVID-19. Press Release. December 17, 2020. https://www.cdc.gov/media/releases/2020/p1218-overdose-deaths-covid-19.html
58. Murray, K &Parisi, T. Addiction and Refugees and Immigrants. Addiction Center. March 2, 2020. https://www.addictioncenter.com/addiction/refugees-immigrants/
59. Manghi, R,Broers, B. Khan, R.Benguettat, D. Khazaal, Y.Zullino, DF.Khat use: lifestyle or addiction. *Journal of Psychoactive Drugs*. 2009; 41(1):1–10.
60. Salas-Wright CP, Vaughn MG, Clark TT, Terzis LD, Córdova D. Substance use disorders among first-and second-generation immigrant adults in the United States: evidence of an immigrant paradox? *Journal of Studies on Alcohol and Drugs*. 2014;75(6):958-967.

61. National Institute on Alcohol Abuse and Alcoholism. *Module 10F: Immigrants, refugees, and alcohol.* In Social work education for the prevention and treatment of alcohol use disorders. Washington, D.C. https://slideplayer.com/slide/3841167/

62. Woodward AM, Dwinell AD, Arons BS. Barriers to mental health care for Hispanic Americans: a literature review and discussion. *Journal of Mental Health Administration*. 1992;19(3):224-36.

63. American Psychiatric Association Fact Sheet: Mental Health Disparities: Hispanics and Latinos. https://www.psychiatry.org/psychiatrists/cultural-competency/education/hispanic-patients

64. Reimann JOF, Ghulam M, Rodríguez-Reimann DI, Beylouni MF. Bringing communities together for wellness: An assessment of emotional health needs among San Diego's Middle Eastern, North African, and East African groups. 2005;San Diego: ICSD.

65. Tahirbegolli B, **Çavdar** S, **ÇetinkayaSümer** E, Akdeniz SI, Vehid S. Outpatient admissions and hospital costs of Syrian refugees in a Turkish university hospital. *Saudi Medical Journal*. 2016; 37(7):809-12.

66. Physicians for Human Rights (2000) https://secure.phr.org/

67. .Centers for Disease Control and Prevention. BCG-Vaccine Fact Sheet.https://www.cdc.gov/tb/publications/factsheets/prevention/bcg.htm

68. United States Drug Enforcement Agency. Fact Sheets. Rohypnol. https://www.dea.gov/factsheets/rohypnol

69. Lara M, Gamboa C, Kahramanian MI, Morales LS, Bautista DE. Acculturation and Latino health in the United States: a review of the literature and its sociopolitical context. *Annual Review of Public Health*.2005;26:367-397

70. .Rodríguez-Reimann DI, Nicassio P, Reimann JOF, Gallegos PI, Olmedo EL. Acculturation and health beliefs of Mexican Americans regarding tuberculosis prevention. *Journal of Immigrant Health*, 2004; 6:51-62.

71. Shapiro K, Gong WC. Natural products used for diabetes. *Journal of the American Pharmacists Association*.2002; 42(2):217-226.

72. Liu J, Shi JZ, Yu LM, Goyer RA, Waalkes MP. Mercury in

traditional medicines: is cinnabar toxicologically similar to common mercurials? *Experimental Biology & Medicine (Maywood).* 2008;233(7):810-817.

73. Vickers AJ, Vertosick EA, Lewith G, MacPherson H, Foster NE, Sherman KJ, Irnich D, Witt CM, Linde K; Acupuncture Trialists' Collaboration. Acupuncture for Chronic Pain: Update of an Individual Patient Data Meta-Analysis. *The Journal of Pain.* 2018;19(5):455-474.
74. Gutiérrez Á, Young MT, Dueñas M, García A, Márquez G, Chávez ME, Ramírez S, Rico S, Bravo RL. Laboring With the Heart: Promotoras' Transformations, Professional Challenges, and Relationships With Communities. *Family & Community Health.*2020 Dec 4.
75. Barlow, S. Understanding the Healer Archetype https://susannabarlow.com/on-archetypes/understanding-the-healer-archetype/
76. d'ArtisKancs, Patrizio Lecca Long-term Social, Economic and Fiscal Effects of Immigration into the EU: The Role of the Integration Policy 2017 European Commission, JRC Technical Reports
77. Kosten D. Immigrants as Economic Contributors: Immigrant Tax Contributions and Spending Power. *National Immigration Forum.* https://immigrationforum.org/article/immigrants-as-economic-contributors-immigrant-tax-contributions-and-spending-power/
78. Courthouse News Services. New Americans in San Diego: A Snapshot of the Demographic and Economic Contributions of Immigrants in the Countyhttps://www.courthousenews.com/wp-content/uploads/2018/02/immigrant-contributions.pdf
79. Welcoming San Diego. https://www.sandiego.gov/welcomingsd
80. National Academies of Sciences, Engineering, and Medicine.

The Economic and Fiscal Consequences of Immigration. Washington, DC: The National Academies Press. 2017. https://doi.org/10.17226/23550.

81. US Bureau of Labor Statistics. TED: The Economics Daily, May 24, 2017. https://www.bls.gov/opub/ted/2017/foreign-born-workers-made-83-point-1-percent-of-the-earnings-of-their-native-born-counterparts-in-2016.htm
82. Reimann, JOF. *Factors of culture, socioeconomic status, minority group membership, and gender in the career choice flexibility of Mexican Americans on the U.S.-Mexico Border: A structural model.* Dissertation Abstracts International: Section B: the Sciences & Engineering. Vol. 57(9-B), March 1997.Available through WorldCat.https://www.worldcat.org/
83. Krumboltz, JD. The wisdom of indecision.*Journal of Vocational Behavior.*1992; 41:239-244.
84. Etzel JM, Nagy G, Terence JG, Tracey TJG. The Spherical Model of Vocational Interests in Germany.*Journal of Career Assessment.* 2015;24 (4):701–717.
85. Alegría M, Mulvaney-Day N, Torres M, Polo A, Cao Z, Canino G. Prevalence of psychiatric disorders across Latino subgroups in the United States. *American Journal of Public Health.* 2007;97(1):68-75.
86. Arnetz J, Rofa Y, Arnetz B, Ventimiglia M, Jamil H. Resilience as a protective factor against the development of psychopathology among refugees. *Journal of Nervous and Mental Disease.* 2013; 201(3):167-72.

87. American Psychological Association. *Crossroads the psychology of immigration in the new century.*Report of the APA presidential task force on immigration.2012.
88. Chiswick, BR, Miller W. The "Negative" Assimilation of Im-

migrants: A Special Case. *Industrial and Labor Relations Review.* 2011; (64)3:502–525.

89. Hayes-Bautista, DE, Hsu P, Hayes-Bautista M,Iñiguez D, Chamberlin, CL, Rico C, SolorioR. An Anomaly Within the Latino Epidemiological Paradox.The Latino Adolescent Male Mortality Peak.*Archives of Pediatrics & Adolescent Medicine.*2002; 156:480-484.
90. Smith DP, Bradshaw BS (September 2006). "Rethinking the Hispanic paradox: death rates and life expectancy for US non-Hispanic White and Hispanic populations".2006; *American Journal of Public Health.* 96(9): 1686–92.
91. Goleman D. *Emotional Intelligence: Why It Can Matter More Than IQ.* 1995 Bantam Books: New York New York
92. U.S. Health & Human Services, office of Minority Health. Cultural competence described. https://minorityhealth.hhs.gov/omh/browse.aspx?lvl=1&lvlid=6
93. Freimuth, VS, Quinn, SC, Thomas, SB, Cole G., Zook E., Duncan, T. African Americans' views on research and the Tuskegee Syphilis Study. *Social Science & Medicine.*2001; 52:797-808.
94. Lackland DT, Sims-Robinson C, Jones Buie JN, Voeks JH. Impact of COVID-19 on Clinical Research and Inclusion of Diverse Populations.*Ethnicity & Disease.* 2020; 30(3):429-432.
95. Reimann JOF, Talavera GA, Salmon M, Nuñez J, Velasquez RJ. Cultural competence among physicians treating Mexican Americans who have diabetes: A structural model. *Social Science & Medicine.*2004; 59:2195-2205.
96. Reimann, JOF, Rodríguez-Reimann, DI. (2010) Community based health needs assessments with culturally distinct populations. In A. Pelham & E. Sills (Eds.) *Promoting Health & Wellness in Underserved Communities: Multidisciplinary Perspectives through*

Service Learning Series (pp.82-100), Sterling, VA: Stylus Publishing.

97. U.S. Health & Human Services, Office of Minority Health. The National CLAS Standards.https://minorityhealth.hhs.gov/omh/browse.aspx?lvl=2&lvlid=53
98. Mews C, Schuster S, Vajda C, et al. Cultural Competence and Global Health: Perspectives for Medical Education - Position paper of the GMA Committee on Cultural Competence and Global Health. *GMS Journal for Medical Education*. 2018;35(3):1-17
99. US Department of Health & Human Services, Office of Disease Prevention & Health Promotion. Healthy People 2020. Disparities Section https://www.healthypeople.gov/2020/about/foundation-health-measures/Disparities
100. Reimann JOF, Ghulam M, Rodríguez-Reimann DI, Beylouni MF. Bringing communities together for wellness: An assessment of emotional health needs among San Diego's Middle Eastern, North African, and East African groups.2005, San Diego: ICSD.
101. . Reimann JOF, Rodríguez-Reimann DI, Medina M. Proyecto SaludLibre: An assessment of the mental health needs in Imperial County's communities. 2006; Brawley, CA: Clinicas de Saluddel Pueblo.
102. Reimann JOF, Rodríguez-Reimann DI, Talavera GA.Cultural competence in the licensure of health care professionals. Final Report to the US Department of Health & Human Services, Office of Minority Health 2003
103. Cooper-Patrick, L, Gallo, JJ, Gonzales, JJ, Vu, HT, Powe, NR, Nelson, C, & Ford, DE (1999). Race, gender, and partnership in the patient-physician relationship.*Journal of the American Medical Association*, 1999; 282:583-589.
104. Komaromy, M, Grumbach, K, Drake, M, Vranizan K, Lurie N, Keane D, Bindman AB. (1996)The role of black and Hispanic

physicians in providing health care for underservedpopulations. *New England Journal of Medicine*, 1996, 334:1305-1310.

105. Hayes-Bautista, DE (1997). Workforce issues and options in the border states. *Journal of Border Health.*1997; 4:12-20.

106. Dawson-Saunders B, Iwamoto CK, Ross L, Volle RL, Nungester, RJ Performance on the National Board of Medical Examiners. Part I Examination by men and women of different race and ethnicity.*The Journal of the American Medical Association.*1994; 272(9):674-9

107. Swanson DB, Bowles LT. Letter to the editor. *Evaluation & the Health Professions.* 1996; 19(2), 412-419.

108. Werner, E. A review of the Examination for Professional Practice in Psychology.1991 Sacramento: California Department of Consumer Affairs.

109. Kelsey, SL & Werner E. An analysis of factors associated with adverse impact in the July 1985 registered nurses licensing examination. 1986 Sacramento CA: California Department of Consumer Affairs.

110. Nowrasteh, A. Illegal Immigrants and Crime – Assessing the Evidence. Cato Institute. March 4, 2019. https://www.cato.org/blog/illegal-immigrants-crime-assessing-evidence

111. Ousey, GC, Kubrin, CE. (2018). "Immigration and Crime: Assessing a Contentious Issue". *Annual Review of Criminology.*2018; (1):63–84.

112. Sampson RJ. Rethinking crime and immigration.*Contexts. 2008;*7(1):28-33.

113. Sydes, M. Immigration, Ethnicity, and Neighborhood Violence: Considering Both Concentration and Diversity Effects. *Race and Justice.* 2019 09-18.

114. Bianchi, M.Buonanno, P.Pinotti, P. "Do Immigrants Cause

Crime?" *Journal of the European Economic Association*.2012; 10(6):1318–1347.

115. Donato Di Carlo, D, Schulte-Cloos, J, Saudelli G. Has immigration really led to an increase in crime in Italy? *European Politics and Policy or the London School of Economics*. March 3, 2018.
116. Banks, James (2011-05-01). "Foreign National Prisoners in the UK: Explanations and Implications." *The Howard Journal of Criminal Justice*.2011; 50(2):184–198.
117. Alonso, C., Garoupa, Nuno; Perera, Marcelo; Vazquez, Pablo. Immigration and Crime in Spain, 1999–2006. FEDEA. 01/01/2008.
118. Mohdin, Aamna. "What effect did the record influx of refugees have on jobs and crime in Germany? Not much". *Quartz*. Retrieved 2017-02-03.
119. Skarðhamar, Torbjørn; Thorsen, Lotte R.; Henriksen, Kristin (12 September 2011). Kriminalitetogstraffblantinnvandrereogøvrigbefolkning [Crime and punishment among immigrants and non-immigrants] (PDF) (in Norwegian). 2019 Oslo: Statistics Norway. pp. 9-28.
120. Mastrobuoni, Giovanni; Pinotti, Paolo (2015). Legal Status and the Criminal Activity of Immigrants.*American Economic Journal: Applied Economics*. 2015; 7(2):175–206.
121. United Nations Office of the Special Representative of the Secretary-General on Sexual Violence in Conflict. Report – Somalia. June 3, 2020. https://www.un.org/sexualviolenceinconflict/countries/somalia/
122. American Civil Liberties Union. Human Trafficking: Modern Enslavement of Immigrant Women in the United States. 2020. https://www.aclu.org/other/human-trafficking-modern-enslavement-immigrant-women-united-states

123. Samuel FikiriCinini. A Victimological exploration of the victimisation vulnerability of a group of foreign nationals in the city of Durban, 2015, Masters of Social Sciences Thesis, School of Applied Human Sciences, Department of Criminology and Forensic Studies, University of KwaZulu-Natal

124. Bove, V; Böhmelt, T. Does Immigration Induce Terrorism? *The Journal of Politics*.2016; 78(2):572–588.

125. U.S. Department of Homeland Security, National Terrorism Advisory System. Bulletin. January 27, 2021 https://www.dhs.gov/sites/default/files/ntas/alerts/21_0127_ntas-bulletin.pdf

126. Horgan, J.G. (2017). Psychology of terrorism: introduction to a special issue. *American Psychologist*, 2017; 72:199-204.

127. Merari, A. Driven to death: Psychological and social aspects of suicide terrorism. 2010 Oxford, UK: Oxford University Press.

128. Victoroff, J. The mind of a terrorist: A review and critique of psychological approaches. *The Journal of Conflict Resolution*.2005; 49:2-42.

129. Gupta, D.K. (2012). The leadership puzzle in terrorism study. In U. Kummar& M.K. Manddal (Eds.). Countering terrorism: psychosocial strategies: (pp. 143-160) New Delhi, India: Sage Publications.

130. Ellis, H.B. & Abdi, S. M. Building community resilience to violent extremism through genuine partnership. *American Psychologist*, 2017; 72:289-300.

131. Twenge JM, Joiner TE.U.S. Census Bureau-assessed prevalence of anxiety and depressive symptoms in 2019 and during the 2020 COVID-19 pandemic.*Depression and Anxiety*.2020, (37)10:947-1059.

132. Pollard MS, Tucker JS, Green HD Jr. Changes in Adult Alcohol Use and Consequences During the COVID-19 Pandemic in the U.S. *JAMA Network Open*. 2020 Sep 1;3(9).

133. Torales J, O'Higgins M, Castaldelli-Maia JM, Ventriglio A. The outbreak of COVID-19 coronavirus and its impact on global mental health.*International Journal of Social Psychiatry*. 2020 Jun;66(4):317-320.
134. Gelatt J. Migration Policy Institute. Fact Sheet. Immigrant Workers: Vital to the U.S. COVID-19 Response, Disproportionately Vulnerable. March 2020. https://www.migrationpolicy.org/research/immigrant-workers-us-covid-19-response
135. Migration Policy Institute. The central role of immigrants in the US food supply chain. April 2020https://www.migrationpolicy.org/content/essential-role-immigrants-us-food-supply-chain
136. Panjwani, A. UK has one of the highest levels of foreign-born doctors and nurses in the EU. Full Fact, December2, 2019https://fullfact.org/health/foreign-born-nhs-eu/
137. Dempster H & Smith R Immigrant health workers are on the Covid 19 frontline We need more of them Center for Global Development. https://www.cgdev.org/blog/migrant-health-workers-are-covid-19-frontline-we-need-more-them 2020
138. Amnesty International, Global: Amnesty analysis reveals over 7,000 health workers have died from COVID-19, 3 September 2020, https://www.amnesty.org/en/latest/news/2020/09/amnesty-analysis-7000-health-workers-have-died-from-covid19/
139. Ewing W Immigrant healthcare workers play a vital role in the United States COVID 19 response Immigration Impact March 24, 2020
140. Smith, Y. Physician Shortage. https://www.news-medical.net/health/Physician-Shortage.aspx
141. Global Skills Partnership. Center for Global Development. https://www.cgdev.org/page/global-skill-partnerships

المؤلفان

دكتورواكيم "جو" ريمان

ولد في برلين. ألمانيا. هاجرت عائلته إلى الولايات المتحدة عندما كان عمره 10 سنوات. وهو في الوقت الحاضر طبيب نفساني ورئيس مجموعة إعادة توطين وتقييم المهاجرين. ولديه تاريخ طويل من العمل مع مجتمعات المهاجرين وهو رئيس مجلس إدارة سابق لخدمات الأسرة الصومالية في سان دييغو. وعمل سابقًا في هيئة التدريس المساعدة في كلية الدراسات العليا للصحة العامة بجامعة ولاية كاليفورنيا سان دييغو، وادار بحوثاً اكاديمية بمنح من مكتب صحة الأقليات بالولايات المتحدة. والمركز الوطني للفوارق الصحية للأقليات- National Center for Minority Health Disparities., ومراكز-Hispanic Centers of Excellence. « ونشرت أبحاثه في مجلات «العلوم الاجتماعية والطب» و»المجلة الأمريكية للطب الوقائي « و»العرق والصحة» ومجلة «علم النفس العيادي» ونشرا دورية أخرى. وركز بحث دكتوراه واكيم أيضًا في مجال علم النفس التنظيمي. وبالتالي كان جزءًا من العديد من مشاريع تطوير القوى العاملة وتقلد مناصب إدارية في الحكومة المحلية والقطاع الخاص طوال حياته المهنية. ويسمح له هذا باستيعاب وفهم أفضل لقضايا المهاجرين المتعلقة بالعمل والتوظيف

دكتورة دلورس ردريغس ريمان

ولدت في بيدراس نيغراس . المكسيك. هاجرت عائلتها إلى الولايات المتحدة عندما كان عمرها 15 عاماً. تعمل الان طبيبة نفسانية (ثنائية اللغة و الثقافة إنجليزي / إسباني) و عملت مع المهاجرين واللاجئين لسنوات عديدة في مجالات تشمل العيادة الخاصة وخدمات تعاقدية مع (المنظمة العالمية للناجين من التعذيب Survivor of Torture International) تعمل دلورس خلال الوقت الحالي . كمسؤول تنفيذي في مجموعة إعادة توطين المهاجرين وتقييمهم. بينما كانت عضوًا مساعدًا في هيئة التدريس في كلية الدراسات العليا للصحة العامة (NHLBI) بجامعة ولاية كاليفورنيا سان دييغو. وبحوث أكاديمية ممولة بمنح وعقود من خلال المعهد الوطني للقلب والرئة والدم ومكتب صحة الأقليات بالولايات المتحدة. و نشرت بحوث حول التثاقف والقضايا ذات الصلة في (المعهد الوطني للسرطان (NCI) و لدى مجلة «صحة المهاجر - Journal of Immigrant Health» . و « الامراض والاصول العرقية - Ethnicity & Disease» وشغلت أيضًا العديد من المناصب القيادية التنظيمية خلال حياتها المهنية.

شكر وتقدير

لقد شكل العديد من الناس محتوى هذا الكتاب بشكل مباشر أو غير مباشر. قدم السيد وليام رومو والسيدة دلورس جيه رودريغيز ملاحظات أساسية حول المسودات الأولية. قامت السيدة ليتيسيا رودريغيز بالكثير من الأبحاث حول تاريخ عائلة السيد فيليبي رومو. ساعدتنا محررتنا السيدة ليزلي شوارتز في العثور على الأسلوب المناسب لك . أيها القارئ. كما طرحت أسئلة مهمة حول موضوعاتنا لم نفكر فيها بخلاف ذلك. بالإضافة إلى ذلك. نحن ممتنون للسيد ديفيد ووغان الذي وجهنا خلال العديد من القطع المعقدة التي ينطوي عليها نشر الكتاب .نود أيضًا أن نشكر الأصدقاء والزملاء الذين عملوا معنا في المشاريع المذكورة في هذا الكتاب. بشكل مركزي . من بينهم صديقنا وشريكنا الدكتور هارف إس ميسكين. المؤسس المشارك لمجموعة إعادة توطين المهاجرين وتقييمهم (GIRA) وكذلك الدكتور محبوب غلام. والدكتور فؤاد بيلوني . والسيدة ماريا إيلينا باتينيو. والسيدة عايدة عمار والدكتور جريجوري تالافيرا. كما نقدر عملنا مع القادة في مجتمعات شرق إفريقيا المحلية . ولا سيما السيد أحمد سهيد. الرئيس والمدير التنفيذي لخدمة الأسرة الصومالية في سان دييغو والسيد

عبدي محمود . الرئيس والمدير التنفيذي لمنظمة القرن الأفريقي .الأهم من ذلك . نود أن نشكر العديد من مرضانا وعملائنا الذين شاركوا قصص حياتهم معنا على مر السنين. لا يمكن تسميتهم هنا بسبب لوائح السرية. لكن تجاربهم تقع في صميم كل من محتوى هذا الكتاب ودوافعنا لكتابته.

جدول المحتويات